建築紛争の基礎知識

竹川 忠芳

大成出版社

装幀・組版設計　道吉　剛

は　し　が　き

　いろいろな縁があって建築紛争に関わるようになり、既に20年以上が経過します。

　この間、事件を通じて建築紛争の実態を知り、その法的解釈を学ぶことができたのは幸いでした。

　ただ、この間、断片的な知識は身につくも、全体像が今一つ掴めないでおりました。そんな折り、日本建築法制会議という名称の研究会に参加することになり、ここで建築基準法や建築士法のことなどを、現場感覚で学ぶことができ、何となく霧が晴れる思いがしてまいりました。と同時に建築に関する法律を歴史的に考察してみてはどうか、と興味も湧いてまいりました。

　とはいえ、どんな分野でも同じだと思いますが、分かったと思ってみても半分も分からず、再び泥沼へはまり込んでしまうということの繰り返しでした。

　今般、機会があって本書を出版することになりましたが、分からないことの方が多いというのが実感です。なかなか筆が進みませんでしたが、法律の解釈の変遷の過程を知ることは法律家にも建築士にも大事なことだと思い、もともとの法律の立法趣旨が何で、一人歩きした解釈とがどのようにリンクしているのかについて書かれた論文を他では余り見かけませんでしたので、何らかの議論の踏み台ぐらいにはなるかと思い、本書をあえて出版することにした次第です。

　弁護士業務や弁護士会の活動の合間を見つけて書き溜めたものですので、十分な検討もできずに大胆に書き上げたところも多々あると思います。そのため、思わぬ間違いを多くの箇所で犯しているかもしれません。しかし、枝葉末節にこだわらず、この本の趣旨をご理解いただき、前を向いての活発な議論の第一歩になることだけを願い、世に出したいと思います。

　最後に、日本建築法制会議の方々には大変お世話になりました。改めてこの場をお借りして御礼申し上げます。また、休日をつぶして事務所へ出るばかりでしたが、これを支えてくれた家族にも感謝いたしております。

平成28年4月

竹　川　忠　芳

目　次

［ 序論 ］

1．建築三法の制定の経緯　………………………………… 6
2．住宅量産化に向けての施策　…………………………… 9
3．住宅の品質向上への転換　……………………………… 12
4．本書の方針について　…………………………………… 15

［ 本論 ］

1　相談、受任にあたっての留意事項　………………………18
1．一般的注意事項　………………………………………… 18
2．正確な事実関係の把握　………………………………… 19
3．欠陥原因の調査　………………………………………… 20
4．瑕疵判断はどのように行うのか　……………………… 22
5．権利行使可能期間内にあるか否か　…………………… 23
6．最終残金の支払いをしていない場合の対応　………… 25
7．事件として受任するにあたり、注意すべき事項　…… 25

2　紛争解決手段の選択　………………………………………28
1．ＡＤＲについて　………………………………………… 28
　⑴　住宅紛争審査会　……………………………………… 29
　⑵　建設業法の建設工事紛争審査会　………………… 32
　⑶　いわゆるＡＤＲ（仲裁センター）機関について　… 33
　⑷　民事調停について　…………………………………… 35
2．訴訟提起　………………………………………………… 36
　⑴　訴訟審理の実態について　………………………… 36
　⑵　現地調査の注意点　………………………………… 38
　⑶　専門委員制度について　…………………………… 39
3．行政処分の申立て　……………………………………… 40

1

(1)　建築士に対する行政処分　………………………………………40
　　(2)　建築士事務所に対する行政処分　……………………………42
　　(3)　建設業者　………………………………………………………43
　4．建築士に対する刑事罰の強化　……………………………………44

③　建築請負契約における瑕疵責任　………………………………51
　1．施工業者の瑕疵担保責任について　………………………………51
　　(1)　瑕疵とは何をいうのか　………………………………………51
　　(2)　契約内容の確定と合理的意思解釈の具体例について　………53
　2．施工業者のその他の法的責任を検討する　………………………59
　　(1)　債務不履行責任について　……………………………………59
　　(2)　不法行為責任　…………………………………………………62

④　建築士等の瑕疵責任について　…………………………………67
　1．設計・工事監理契約について　……………………………………67
　　(1)　設計契約について　……………………………………………67
　　(2)　工事監理契約について　………………………………………76
　2．設計・工事監理の契約者の役割と建築士の役割について　……80
　　(1)　設計・監理の業務主体について　……………………………80
　　(2)　建築士事務所（開設者）の業務　……………………………80
　　(3)　建築士の業務　…………………………………………………82
　　(4)　管理建築士の業務　……………………………………………83
　3．設計・工事監理に瑕疵、不履行があった場合の責任の所在
　について　………………………………………………………………84
　　(1)　取引実態について　……………………………………………84
　　(2)　建築士事務所の法的責任を問う場合　………………………85
　　(3)　その他の建築士の責任　………………………………………90
　4．施工業者との責任関係　……………………………………………90
　　(1)　設計の瑕疵と施工業者の免責の関係　………………………90
　　(2)　工事監理上の過失と施工業者の免責の関係　………………90
　　(3)　責任関係　………………………………………………………91

⑤　建物の売買契約における瑕疵責任　……………………………92
　1．売主の瑕疵担保責任　………………………………………………92

2

⑴ 「隠れた」瑕疵について …………………………………93

⑵ 損害賠償について（信頼利益説、履行利益説）……94

⑶ 解除できる場合 ………………………………………95

2．売主のその他の責任 ……………………………………98

⑴ 債務不履行責任 ………………………………………98

⑵ 不法行為責任 …………………………………………99

3．建売住宅の法的問題点 ………………………………100

⑴ 建売住宅の実態 …………………………………… 100

⑵ 法的性質 …………………………………………… 101

⑥ 直接の契約関係にない場合の専門家責任 …………… 103

1．専門家責任が問われる理由 ………………………… 103

2．名義貸建築士の責任 ………………………………… 105

⑴ 最判H15.11.14　判時1842−38 ………………… 105

⑵ この判決の意味 …………………………………… 106

⑶ 佐賀地判H22.9.24　判時2118−81 ……………… 109

3．基本的安全性についての判例 ……………………… 110

⑴ 判例の考え方 ……………………………………… 110

⑵ 各判決の特徴について …………………………… 111

4．建設業者の専門家性について ……………………… 116

⑴ 長野地諏訪支判H21.5.13　判時2052−79 ……… 116

⑦ 損害賠償についての論点 ……………………………… 118

1．建替費用について …………………………………… 118

⑴ 建替費用を巡る議論について …………………… 118

⑵ 最高裁判所の判決の射程距離について ………… 123

2．損益相殺（居住利益）について …………………… 125

⑴ 居住利益控除説 …………………………………… 125

⑵ 最判H22.6.17　判時2082−55 …………………… 125

⑶ 課題 ………………………………………………… 126

3．その他の損害項目について ………………………… 126

⑴ 慰謝料 ……………………………………………… 126

⑵ 価値減額分の損害について ……………………… 129

3

8　同時履行と相殺について ……………………………………… 132

1．残工事代金の支払いについての注意点 ……………… 132

2．同時履行の抗弁の主張についての判例 ……………… 134

3．相殺についての判例 …………………………………… 136

　(1)　最高裁の判例 ………………………………………… 136

　(2)　残された課題 ………………………………………… 137

9　建築基準法違反建物を巡る紛争と裁判 ……… 138

1．単体規定と集団規定 …………………………………… 138

2．考え方の説明 …………………………………………… 139

10　建築確認の違法について ………………………… 145

1．建築確認の制度について ……………………………… 145

2．判例の動き ……………………………………………… 147

判例索引（年代順） ………………………………………… 161

[序論]

1．建築三法の制定の経緯

> 　戦後は、戦争により国土が焦土と化し、復興のために建物や住宅を量産することが政府の大きな政策目標のひとつでした。そのとき制定されたのが建築基準法であり、建築士法であり、建設業法でした。
> 　この事実関係を理解しておくことは、この３つの法律を解釈するのに重要な手がかりを提供してくれますし、最近になって建築基準法、建築士法が改正されることになった意味を探るうえでも大事なことといえます。そこで、簡単に経過をたどってみたいと思います。

(1)　戦後復興を旗印に、厚生省所管の住宅行政と大蔵省所管の官庁営繕業務を統合して、昭和20年11月５日に戦災復興院が設置されました。そして、内務省の解体に伴い、昭和22年12月に内務省国土局所管の建設行政を吸収して建設院へと改組され、昭和23年７月10日に復興建設事業に関する各省の権限を統合して総合計画を担わせる目的で、建設省が設置されました。

　この間、戦災復興院の時代に、終戦当時の住宅不足数を420万戸と発表しております。また、それまでの市街地建築物法に代わる「建築法草案」を作成し発表しております。建築法草案については、新しい考え方に基づく画期的な規定が多数盛り込まれ（現在の建築基準法や建築士法の原案的な役割を果たしたといわれ）ましたが、当時占領軍の統治下にあったことや新憲法による建築行政のあり方の再検討が求められていたことから、法案の国会提出は見送られ、改めて建設省の下で恒久対策として、住宅建設促進策を含む住宅・都市政策を総合的に推進することになりました。

　こうして建設省の下に、建築に関する多くの重要法案が制定されていくわけです。

(2)　たとえば、建設業法が昭和24年５月24日に公布され、８月20日施行されます。戦前は商工省の下にあったのですが、戦後、戦災復興院の所管とな

1．建築三法の制定の経緯

り、建設省の下で建設業法が制定されております。

　建設業法を制定した理由は、戦災復興事業が増加し同事業を巡って不良工事業者による欠陥住宅の発生、途中の工事放棄などが大きな社会現象となっていたからで、建設業者の健全な発展を目指すため、建設業者に対し登録制度を設けて指導監督できるようにしたわけです（なお、このときは取締目的ではないかとの批判がでたため登録制でしたが、昭和46年に許可制となっています）。

⑶　つぎに、建設省の下で、昭和25年の４月から５月にかけて相次いで制定されたのが、建築基準法であり、建築士法です。

　建築基準法は、それまでの市街地建築物法が大幅な運用権限を行政庁に委任し、国民の財産権を不当に制限するもので新憲法の趣旨にそぐわないとされ根本的に見直すことになり、「建築法草案」の考えを受け継ぎつつ、占領軍との折衝を経てつくり上げられていきました。そのため米国の建築と消防の各担当官の考えが色濃くでて、建築確認の制度や消防法とのリンクがされることになったとの指摘がされております。

　この建築基準法の特色は、建築の自由を尊重した制度の創設（建築主事・確認制、最低基準制、簡易異議申立制、建築協定など）や、地方分権といった新憲法の尊重、複雑だった建築法令の調整、建築士法とのバランス（協同）、工事監理の制度、新しい建築技術の発展を見据えた制度（旧38条）などを盛り込み、当時としては非常に意欲的で画期的な法律だったといえましょう。ただ、長期間にわたり存続する建築物に対する規制法という性格を考えて、技術的内容の大部分は従来の市街地建築物法を引き継ぐことになりました。

⑷　そして、建築士法については、田中角栄議員が議案提案したとされ、そのときの提案理由をみると以下の４点とされています。

❶　試験による免許登録制度によって、建築の設計および工事監理の専門的技術の一定水準の保持とその向上に資することができる。

❷　建築に際して、建築関係法規の確実な適用が期待されるとともに、建築士の創意工夫により、合理的かつ経済的に建築物の安全性の確保と経済価値の増進を図ることができる。

❸　建築の設計は建築士に、工事の実施は建設業者に、各々の責任の所在

7

1. 建築三法の制定の経緯

を明確にすることにより、相互に不正、過失の防止を図ることができる。

❹ 建築士制度の確立により、建築主は設計建築手続、工事監理についての煩瑣な事務を、建築士を信頼して任せることができる。

つまり、試験制度により資格を得た建築士をして、建築確認手続や設計・工事監理を任せることで、建築関係法令の遵守のみならず、専門知識を有する建築士の創意工夫により建物の安全性と価値の増進が図れ、さらには建設業者とのチェックアンドバランスが図られるとしています。

(5) こうして昭和24年から25年にかけて、建設業法、建築基準法、建築士法といった重要法案が成立し、建設省の指導の下に、住宅の量産化、都市の建設が目指されたわけです。

そこには、当時の時代的要求を背負って、当時の関係者が精一杯の創意工夫を凝らして努力している姿が浮かび上がってきます。その汗の結晶が上述した各法の有する特色として列記したものであります。これら法制定により実現しようとしたビジョンを簡単に描くとすれば、建築主は建築自由の原則の下に、専門家である建築士・建設業者の専門知識を活用して、積極的に建築ができるように配慮されたもので、いわば建築の自由を基調とした考え方といえます。他方で、最低限の街並みや技術的基準だけは確保できるよう、建築主事がこれをチェックできる制度をつくったといえましょう。

しかし、この当時の時代的制約も指摘しておく必要があります。たとえば、戦後復興を中心に考えていたため、つくる方にばかり力点がおかれ、建築基準法が自ずと新築中心に規定され、建築物の維持管理とかリフォームとか既存建物の扱いについての規定が不十分となってしまいました。また、専門家たる建築士や建設業者を建築主の下に帰属させることで良品質の建築物ができるとあまりに安直に考えていたことも確かです。また、技術的部分につき市街地建築物法を引き継いだがため、単体規定の中で詳細な技術基準を定めたかと思うと、木造建物の扱いが中途半端になったりして、住宅の建築のための技術基準を国がどう扱うべきなのかについて不十分な法律となってしまったと指摘できると思います。そして、一番大きな点は、そもそも建物を建てるのは個人の所有権の行使であると考えたため、法律でこの自由を規制するにあたっては謙抑的でなければならず、最低限の規制に止めるといった考えで構成されたことにあります。ヨーロッ

8

パでは、建築物を個人のものであるとともに重要な社会的資本のひとつと考えていたため、より強い規制を行っていますが、戦後のこの時代には全くこのような発想を取り込むことができなかったため、「2.」で述べるような問題が発生したといえそうです。

　また、建築士法は、当初、やむなく資格法として出発せざるを得ませんでした。そして、建築士事務所登録の制度だけはつくったものの、業法としては未成熟であり、建設業との兼業を容認するのかなどを含めて業法としての完成は、この後の社会の成熟度に期待していたものと解せられます

　（それ故に、昭和42年頃に建築家協会と鹿島建設会長との間で、設計施工分離一貫論争が起こっております。要は建築生産の過程にプロフェッションの倫理を導入することが適切かを巡っての論争であったと指摘できます。つまり、業法として確立するだけの基盤が、この時点でも整わなかったといえそうです）。

　ここでも建築物を社会的資本のひとつと考えていれば、その生産に携わる建築士には社会的責任があるとして、もう少し強い取組みがされていたかもしれません。

2．住宅量産化に向けての施策

　前述したとおり、終戦当時の住宅不足数は420万戸にも上るとされており、当然に、住宅建設を促進する必要があり、そのための諸施策が実行されています。

　この諸施策の実行の過程を理解することで、前記3つの法律（建築基準法・建築士法・建設業法）の限界が自ずと明らかになり、最近の法律改正（建築基準法や建築士法の改正）の意味を理解することができるのではないかと思いますので、以下でこれら諸施策の実行の過程を明らかにしてみたいと思います。

2. 住宅量産化に向けての施策

(1) 終戦直後の施策

　終戦時の国の財政事情を考えたとき、不足する住宅のすべてを公営住宅建設で賄うことは残念ながら不可能でした。さりとて民間金融機関も産業界に対する融資が優先されていたため、活用は期待できません。そこで、財政投融資による政府機関であり、住宅金融専門の住宅金融公庫を昭和25年5月6日に設立したわけです。これで、長期低利での住宅建設資金の融資を行うことができるようになり、個人住宅等の建設を強力に後押しいたしました。

　また、昭和26年には公営住宅法を制定し、低所得者を対象とした公営住宅の供給を企図し、昭和30年には大都市において賃貸住宅を大量に供給する政府機関として日本住宅公団を設立し、主として大都市近郊にアパート団地をつくり、昭和40年には地方住宅供給公社を設立するなど、国は住宅建設のための諸施策を講じてきたわけです。国の住宅建設への取組みは誠に優れたものでした。

(2) 高度成長期の施策

　しかし、「戦後」を脱却すべく高度成長政策が採られ、これにより都市化が進み、また核家族化などの影響もあって、ますます住宅の需要が増大していきました。

　そこで、住宅金融公庫の融資対象も、当初は個人住宅建設資金と賃貸住宅建設資金のみだったのが、昭和30年以降に融資対象を広げて、分譲住宅、増改築、中高層住宅などの建設や取得にも融資が行われるよう拡大していき、民間金融機関の住宅資金貸付も可能となっていきました。

　こうして好景気に支えられて住宅の需要がうなぎ登りとなるなか、自分で住む住宅をつくったり、他人に貸すための賃貸用住宅をつくり所有したりするといった形態から、自分が住むためではなく「他に売却するために住宅を建設する業者」が出現するようになりました。ここにいわゆる住宅産業界ができ上がってきたわけです。

　この建築形態の特徴は、建築した者が売り逃げしてしまうため、購入した者が所有者として長期間にわたり、その後の建物の維持管理を担わねばならなくなる点にあります（つまり、つくる者がその後の利用や維持管理のことを考えずにつくるのを許すものだったといえます）。しかし、高度成長が続いている間は、購入した者も住宅の値が上がっているため、高く売却して、その売却代金で新しい住宅を購入することができ、古くなった住宅の維持管

理を担うといった問題は社会的に意識されませんでした。

(3) 住宅建設計画法の制定、施行

　そのため、住宅需要が拡大していくなかにあって、国は安定的に住宅供給を行う政策をとりはじめ、昭和41年6月30日に住宅建設計画法を制定し施行しております。これは住宅難を解消するために住宅の量的拡大を目指す法律であり、住宅建設についての5ヵ年計画を立て、これを確実に実行していくというものでした。結局、同法は8期合計40年間にわたり続きましたので、この間、我が国の住宅を計画的かつ安定的に量産する体制が築かれ、続いてきたわけです。

　こうなると、国から金融支援と住宅建設計画とがセットになって実行されるわけですから、住宅はつくれば売れるという時代が到来したわけです。そのため、他の産業で成功した企業が資金力に物を言わせて、住宅業界に新規参入してくるようになりました。その結果、全国規模の住宅建設販売の会社が出現し、テレビコマーシャルなどを多用した販売戦略が中心となり、利益率を中心に販売されていくようになり、建築の専門家である建築士や建設業者はこれに従属し支配されるような構図ができ上がってまいりました。

　さらに建設省が税制の立案に強く関与できない、いわゆる行政の縦割りの問題が悪い形で噴出してきました。建物の減価償却の制度と相続税の制度を使って、税金対策として住宅（アパート、ワンルーム）を建築する業者がでてきたことです。

(4) 住宅の品質向上のための誘導策

　こうした者達が形成する住宅産業界ができ上がると、「建築計画を主導するという意味での、いわゆる建築主」が自分で所有し、利用し続けたいと思うような品質の住宅を建設しようとするのではなく、それ以外の目的のために住宅を建設するようになりました。たとえば、販売会社の利益に貢献する住宅が目指され、購入者が飛びつく目に見える部分にお金をかけるが、見えない部分は省略したり、税金上の計算式にばかり目がいったりして、建物の品質には関心のない購入者には、その後の維持管理に配慮した建物をつくる必要がない、などの弊害が生じてまいりました。

　結局、この時代に入ると、昭和24年から25年にかけて制定した建築基準法、建築士法、建設業法の前提とする社会条件が失われてしまっていたわけ

です。つまり、建築基準法は全国的にみて最低基準以上の建物をつくってい
くよう誘導しようとし、それ以上に良質の建物は建築主の意欲に期待し、そ
れを補佐する建築士や建設業者の助けを得れば可能であるとの制度設計に狂
いが生じてしまったわけです。むしろ住宅産業界では、住宅の販売が品質を
競い合うのではなく、それ以外の目的に奉仕する手段と化したがため、建築
基準法で定める最低基準の建物を建てることが目標となってしまい、建築確
認をどうクリアするかだけを考えて、そのための手練手管を建築士や建設業
者に要求し、これを強引に実現するような業界になってしまいました。

　ところが、高度成長していた時代には、購入した消費者でさえ売り逃げで
きたため、誰もこの異変に気が付きませんでした。

　いち早く気が付いたのは、当の建設省だったようです。住宅建設計画法の
第3期に入ると住宅の量が足りているとの報告を発したうえで、量から質へ
の転換を指摘しているからです。しかし、社会は経済成長一本槍の中にあり
ましたので、住宅の品質向上のための誘導策は実を結びませんでした。

3．住宅の品質向上への転換

　　ここでは、住宅等の量的拡大から質的向上へと、国の政策が転換さ
れた経緯を説明します。
　　また、この転換のための諸施策とはどのようなものだったのでしょ
うか。そして、この諸施策はうまくいったでしょうか。
　　そして、判例の動向について、これら国の政策と関連している点に
言及します。

(1)　国の政策が転換された経緯

　ところが、バブルが弾けて経済成長に陰りが出てきたことや、平成7年1
月17日の阪神淡路大震災（兵庫県南部地震）を機に日弁連が欠陥住宅問題を
世に提起しはじめたことで、建物、とりわけ住宅の品質について社会的議論
が巻き起こってまいりました。

そして、世界的にグローバリズムの嵐が吹き荒れるなかで、建築の単体規定について性能規定化の波が押し寄せました。これは、建築される建物について性能という価値基準を導入しようというものです。これがうまく機能すれば、住宅も品質を競う時代が到来します。

　国もこれらの流れを受けて、平成10年に建築基準法の大改正を行い、それまでの仕様規定中心のものから性能規定へと、改める方針を打ち出しました（このとき、建築確認検査機関の民営化の実施や、建築基準法38条の廃止が決定され、この是非を巡って社会的議論が巻き起こりましたが、本論から外れますので、触れません）。

　さらに平成11年には住宅の品質確保の促進等に関する法律（以下、住宅品確法という）を制定して、住宅の性能をランクで表示する制度をつくり、良品質の住宅が建築されるよう目指したわけです。これで、今までは最低基準を定める建築基準法だけが頼りだったのが、住宅の性能について建築基準法より高レベルの基準を提供し始めたのでした（なお、住宅品確法は住宅性能評価制度を創設しただけではなく、新築住宅の瑕疵担保責任期間を10年としたり、住宅紛争処理の制度を設けていますが、その説明は後に譲ります）。

　そして、平成18年6月8日（公布・施行）には、住宅建設計画法が廃止され、新たに住生活基本法が制定されました。この法律は、今までの、計画的に住宅の量的な安定供給を目指す「住宅建設計画法」という法律を廃止した点に大きな意味があります。加えて、住宅の量産化から品質向上へと政策の目標が明確に変更された点で画期的な意味を有しております（また、住宅関連事業者について「住宅の安全性その他の品質又は性能を確保するために必要な措置を適切に講ずる責務」を同法8条で定めて、住宅事業者の自覚を促しています）。

　とはいえ、法律を変えたからといって直ちに社会の動き、とりわけ住宅産業界、建築産業界の構図が変わるわけではありません。そのため、建築行為を巡って社会的事件が続発します。

　たとえば、平成17年11月に姉歯事件が発覚します。これは構造計算書を偽装して違法に建築確認を取得しようとした事件で、このような建築士がいることに社会全体が驚きを抱きました。しかし、これが例外的な事件なのではなく、数多い事件のひとつであることが徐々に明らかになってきます。例えば、平成18年に、アパ事件で田村水落設計が免許取消となり、平成19年10月には遠藤建築士による耐震偽装事件が発覚し、平成19年11月には市川駅前の

超高層マンションで鉄筋不足が判明するなど、新聞の社会面を賑わせたからです（ここに取り上げたのがすべてではなく、他にも多くの違法な建築を巡る事件が起こりました）。

これらを受けて、建築基準法が平成18年6月に改正されております。例えば、構造計算適合性判定制度、建築確認の審査期間の延長、中間検査制度の充実化が図られ、建築確認検査の厳格化が目指されました。あわせて指定確認検査機関の業務の適正化を確保するための諸規定も整備されました。要は、意図的に建築確認を違法に取得しようとする悪意者を排除すべく、建築確認検査制度をより充実させることにしたわけです。

また、建築士法が改正されております。平成18年6月に建築士等の業務の適正化と罰則の強化等、同年12月には建築士の資質・能力の向上を目指した講習の実施、構造・設備の各一級建築士の制度の創設、設計・工事監理業務の適正化、団体による自立的な監督体制の確立が定められました。要は、建築士の専門家としての責任を明確にしたといえます。

（以上の対応が正しかったのかは議論の余地のあるところで、もともと根本的には建築物の規制に関する法律群を私的所有の制限の観点からではなく、ヨーロッパにおけるように社会的資本の充実の観点から見直す作業が求められていると思われますが、ここでは本書の趣旨を逸脱しますので、これ以上は触れないこととします）

なお、平成19年5月30日に特定住宅瑕疵担保責任の履行の確保等に関する法律（以下、瑕疵担保履行法という）が公布され、平成21年10月1日から施行されておりますが、これは平成17年の姉歯事件の際に、住宅事業者の倒産により瑕疵担保責任が履行されないケースが生じたため、住宅取得者保護のため資力確保の制度を創設したものです。念のため付記しておきます。

(2) 建築判例の変化

以上にみたように、社会で生起する欠陥住宅問題や政府の方針変更などを受けて、司法での裁判の傾向も大きく変化してまいりました。

その徴候は下級審から始まります。現場の裁判官が社会の変化を感じとって社会的に妥当な判決を求め始めたからともいえます。しかし、下級審での裁判も理論的には従来の議論に引きずられる傾向にあるため、結論を変更したとしても、論理構成や法的主張の仕方に無理があったり、くい違いがあったり、そして、判決の結論においても、判決の下された時期によって大きな

くい違いが見られます。とくに平成7年の阪神淡路大震災以前の判例と平成7年以降の判例では変化がみられ、そして平成17年の姉歯事件以降の判例には大きな変化が読み取れます。

そんな下級審のくい違いや変化の過程をみて、最高裁判所は平成9年以降今日に至るまで、建築紛争に関する重要な判決を数多くだしてまいりました。

つまり、建築に関する判例を読み解くには、これらの時代背景を知ることが重要だということになります。これを知ることで、最高裁判所の下した判決の射程距離を測ることができるからです。

4．本書の方針について

本書は、下級審判決の変遷の経過とともに、平成9年以降に続々と発表された最高裁判所の重要判例を紹介することで、建築紛争に必要な法的知識を提供したいと思っております。

加えて、下級審の判決を読み解く鍵は、その判決の下された時代背景を理解する必要がありますので、その辺りの事情をお伝えすることで下級審判決の持つ意味と限界性をご理解いただきたいと思っております。

本書の目的は、あくまでも建築紛争処理にかかわる方々が知っておくべき法的知識を提供することにあります。

したがって、自説を長々と説くのではなく、現在の法理論が何処にあって、何故そう解されているのかなど、現状を分かりやすく説明することで現状を理解してもらい、その是非を含めて、より発展的な議論ができるための「基礎知識」を提供したいと思っております。

15

[本論]

①　相談、受任にあたっての留意事項

①　相談、受任にあたっての留意事項

　　ここでは、建物に欠陥があるとして相談を受けたときに、どのような心がまえで、どんなことを聞くのか、どんな資料を用意してもらうのか、そして、事件として受任するときに注意する点は何か、などについて、列挙して検討してみたいと思います。

1．一般的注意事項

　欠陥住宅事件には、他の事件と異なる特徴がいくつかあります。

(1)　1つには、施主側（住宅購入者側）が消費者であることが多い、ということからくる難しさです。

　住宅が高額商品であることもあって、住宅の完成度に対し過大な期待を抱いていて、少しの不具合でも気になって建て直しが必要ではないかとか、契約を解除したいといった相談が舞い込みます。しかし、瑕疵に該当するか否かといった法的判断はときに厳しいこともあり、期待どおりにならない場合があります。加えて、瑕疵に該当しても修補で十分であり、建て直しの必要はないと判断される場合がほとんどです。したがって、消費者を的確にリードしていくことが大事です。

　また、消費者であることから、設計図や見積書をよく見ずに契約していることが多く、（後に説明する理由から）瑕疵に該当しないと判断されるケースも散見されます。その意味で、依頼者との信頼関係を築くために、ときに元気づけたり、ときに慎重な発言をしたりと、気を遣う必要があります。

(2)　2つには、被害者意識が大きく、ときに深刻なほどに建設業者との間に感情的対立が生じている場合がある、という点です。

当該建設業者を嫌悪して他業者に頼ろうとしても、一般的にこの業界では、他の業者の建設した建物の修補を嫌がる傾向があります。また、仮に請け負ってくれても値段が高くつきます。したがって、もともとの建設業者に修補させた方が合理的な場合もあります。

そこで、修補を誰にさせるのが適切なのかを考えて、ときにその点のアドバイスをしながら、相談に応じる必要があります。

(3) 3つには、弁護士費用以外に費用がかかる点です。

たとえば、建物の瑕疵や修補に関し調査費用がかかったり、場合によると、裁判で鑑定費用がかかったりして、依頼者の出費が大きいことを予め伝えて理解を求める必要があります。そして、弁護士の方でも、書面の作成、調査の立会いなどで時間を要するのが建築紛争事件であり、その点を覚悟して受任する必要があります。

2．正確な事実関係の把握

相談内容について、以下の観点からの正確な事実関係の把握が必要です。

(1) 建物の種類、構造、規模を確認する

建物の種類は、戸建住宅、共同住宅（マンション・アパート）、事務所ビル、商業施設、工場等に分かれ、構造的には、在来木造軸組工法、木造枠組壁工法、軽量鉄骨造、鉄鋼造（ALCその他）、鉄筋コンクリート造、鉄骨鉄筋コンクリート造等に分かれます。

これら種類や構造、規模の違いが建築基準法の適用条項を異にし、専門家の関与を求める場合にも専門分野が異なることがありますので、あらかじめ建築確認申請書などの資料から、建物概要を正確に把握することが必要です。

(2) 契約の種類を把握する

注文住宅、建売住宅、自由設計の売建住宅、マンション売買、リフォームなどさまざまですが、それぞれに適用される法律、条項を異にします。

たとえば、請負契約であれば、民法の請負に関する条項が適用されますし、売買契約であれば、民法の売買の規定が適用になるなど、社会的にみる

① 相談、受任にあたっての留意事項

と「新築建物の取得」といった同一事象ととらえられておりますが、法的にはそれぞれ違った法律や条文の規定が適用されます。

　契約の種類は何であるかを注意して相談に臨んでください。また、契約の種類に応じて、相談者の有する資料類も違ってきますので、その点も注意する必要があります。相談時に漫然と聞いていると、ポイントをはずしてしまうことになります。

(3)　契約の内容を確認する

❶　契約書（工事請負契約書、設計・監理契約書など）、設計図書、見積書、確認申請関係書類、支払いにかかる領収証、などの資料に基づいて、契約の種類、契約の内容を正確に把握することです。

　相談者が素人の場合、記憶だけでは大きな判断ミスを招くことにもなりかねませんので、必ず資料で確認することです。

❷　住宅金融公庫の融資を受けていれば、公庫基準どおりの施工がされているか、確認することが必要です（現在は、住宅金融支援機構と変わり、同様に工事仕様書が出ています）。

❸　住宅品確法で定める性能評価住宅であれば、設計あるいは建設にあたり性能表示基準を満たしているか否か、確認する必要があります。

❹　瑕疵担保履行法に定める保険付住宅であれば、保険法人との関係に配慮して相談を受ける必要があります。

3．欠陥原因の調査

つぎに、雨漏り、床の傾きなどの欠陥現象が生じている場合には、その欠陥現象の部位、内容、程度を確認し、その原因を調査することになります。

(1)　欠陥現象の部位等について

　建物の欠陥現象は、地盤・基礎、屋根、外壁、床、天井、柱・梁、設備（電気、給排水など）等の建物を構成する各部位に生じます。

　そして、具体的な現象としては、地盤沈下、建物の傾斜、亀裂、ひび割れ、漏水、雨漏り、結露・カビ、遮音性能の欠知、シックハウス等となって現れます。

(2) 欠陥現象の原因を調査する

瑕疵であるか否かを判断するのは法律的な解釈であり、当然に弁護士の仕事となります。ただその前提として、欠陥現象を生み出している欠陥原因事実を突き止める必要があり、これにはどうしても建築士の協力が必要となります。

また、この機会に、他のすべての瑕疵についても調査してもらう必要があります。その意味で、必ず建築士による調査と報告書が必要となります。

(3) 建築士の探し方

どのような建築士に依頼したらよいかという点ですが、建築士は自らが設計したり、その工事監理をしたりすることを業としております。したがって、他者の工事の検査業務をすることには、一般的に不慣れといってよいかもしれません。そこで、検査を専門にやる建築士を見つけたり、欠陥住宅問題に実績のある建築士に頼んだりすることが一番無難な選択といえます。また裁判のとき、瑕疵一覧表を提出せねばならなくなりますので、瑕疵の箇所を適切に指摘し、その証拠を揃え、それが瑕疵である理由を合理的に説明できる方でなければなりません。そうした意味では、どうしても限られてしまうかもしれません。

なお、公益社団法人日本建築士会連合会、公益社団法人日本建築士事務所協会連合会、公益社団法人日本建築家協会、一般社団法人東京建築士会、一般社団法人東京都建築士事務所協会などの公的団体では、相談業務を行っているところもありますのでご活用ください。

それと、東京の3つの弁護士会（東京弁護士会、第一東京弁護士会、第二東京弁護士会）では、住宅紛争についての相談を受けつけておりますので、その法律相談を受けてみてはどうでしょうか。

また、評価住宅、保険住宅については専門家相談の制度があります（消費者側からのリフォーム相談を含む）。この専門家相談は、弁護士と建築士が一緒になって相談に応じてくれますので、何らかのヒントが得られるかもしれませんので、ご活用ください。なお、専門家相談の詳細については、公益財団法人住宅リフォーム・紛争処理支援センターに問い合わせてください。

1 相談、受任にあたっての留意事項

4．瑕疵判断はどのように行うのか

　「瑕疵」の概念については、後に「3　建築請負契約における瑕疵責任」のところで詳述しますので、ここでは、「瑕疵とは、契約で定めた内容に違反すること」であるとの定義のもと、瑕疵判断の仕方について説明することにいたします。

(1)　欠陥現象が表出している場合（雨漏り、床の傾きなど）の瑕疵判断の手順

　たとえば、雨漏りするというのは欠陥現象でしかありません。これだけでは瑕疵の判定に十分とはいえません。

　そこで、建物のうち、何の工事にどのような欠陥があるから雨漏りが生ずるのか、この欠陥原因事実を究明する必要があります。この欠陥原因事実を究明するのが建築士の仕事です。

　そして雨漏りの程度、床の傾きの程度、欠陥原因事実の内容などを総合的にみて「瑕疵」といえるか否かを、判例等を参照のうえ、判断するのが弁護士の仕事ということです。

(2)　欠陥現象が表出していない場合の瑕疵判断の手順

❶　契約時の設計図面と異なる工事

イ．建築士は現地調査の際、設計図と現場を照らし合わせて、両者に違いがあるか否かを検討し、その違いによってどのような被害を受けることになるのかを専門的知識に基づき調査いたします。

ロ．弁護士はこの調査結果に基づき、設計図と異なる施工箇所、それによる被害について総合的に判断し、判例等を参照のうえ、「瑕疵」に該当するか否かを判断することになります。

❷　建築基準法等の各種基準に違反した工事

イ．建築士は、工事の内容が建築基準法等の法令等の各種基準に違反するか否かを専門的知識に基づき調査いたします。

ロ．弁護士はこの調査結果に基づき、その違反の内容・程度に鑑み、判例等を参照のうえ、「瑕疵」に該当するか否かを判断いたします。

1 相談、受任にあたっての留意事項

5．権利行使可能期間内にあるか否か

普通は、工事が終了して引き渡されてすぐに建築主が瑕疵を認識することは少なく、建築物に居住して何年か経って異変に気づくことが多いようです。

それも何年か経った後に、最初は簡単に直せる不具合ぐらいに思っていたところ、とんでもない欠陥だったと気づいて弁護士に相談に来るわけですから、相談を受けた弁護士は最初に権利行使可能期間内か否かを確認しながら、相談を受ける必要があります。

⑴　法的に権利行使可能な期間を確認すること

❶　請負契約の場合（民法638条）。

　　木造、地盤の瑕疵については引渡しから5年です。石造、土造、煉瓦造、金属造の瑕疵については引渡しから10年です。

　　しかし、特約をもって、期間を短縮したり、延長したりの合意は可能とされていますのでご注意ください。たとえば、標準的な約款では、木造建物を引渡しから1年、コンクリート造建物等、地盤の瑕疵を引渡しから2年といった具合に、期間を短縮しております。

❷　売買契約の場合（民法570条）

　　契約の解除または損害賠償につき、買主が瑕疵の事実を知ったときから1年以内です。

　　この場合も、特約をもって期間を短縮して、たとえば「引渡しから2年」などと定めていることが多いようですので、ご注意ください。

❸　住宅品確法による修正

　　H12.4.1以降の売買、請負の各契約による新築住宅については「構造耐力上主要な部分又は雨水の浸入を防止する部分」に限り、引渡しから10年とし、期間短縮の合意は無効（20年までの延長合意は可能）とされています。

⑵　引渡しの時期を確認すること

　　権利行使可能期間の始期は「引渡時」を基準とすることが多いので、いつ「引渡」されたのかを相談時に確認する必要があります。

23

1 相談、受任にあたっての留意事項

　建物に不具合があると主張する建築主の中には、いまだ完成していないとして引渡しを拒みながら業者と話し合いを続けているケースもあるようです。しかし、通常は予定された工程の工事がほぼ終了していれば、仕事は完成したと解されています（大阪高判Ｓ61.12.9 判タ640－176）ので、場合によると、引渡しを拒否したとしても履行の提供があると判断されて、法的には「引渡しあり」と認定されることもありますので、注意してアドバイスしてください。

(3) 権利行使の方法
　以上の期間制限は、あくまで除斥期間の定めですので、その権利行使は裁判外ですればよいと解されております（最判Ｈ4.10.20 民集46－7－1129）。
　したがって、内容証明郵便等を送付しておけば足ります。

(4) 民法508条の類推適用
　除斥期間を経過していても、民法508条の類推適用ありとされます（最判Ｓ51.3.4 民集30－2－48）ので、相殺することで権利行使することは可能と解されます。
　たとえば、施主の瑕疵修補に代わる損害賠償請求権が除斥期間を経過していたとしても、請負業者からの報酬請求権との間で相殺することは可能なわけです。

(5) 不法行為理論によって請求する場合
　下級審判例の傾向としては、契約責任の追及と不法行為責任の追及とは、それぞれの要件を満たす限り両方の責任追及が可能と解されております（請求権競合論）。
　したがって、724条が「…が損害及び加害者を知ったときから3年間…時効消滅する」と定めていることから、契約責任が除斥期間にかかっていても、不法行為責任の追及を認めることで救済している判例が散見されます。
　ただし、不法行為責任の場合には除斥期間ではなく消滅時効ですので、裁判上の行使が必要となりますのでご注意ください。
　なお、平成19年に最高裁判所が基本的安全性についての判決を下し、請求権の競合しない場合のあることを示唆しました。詳しくは、本論6で説明します。

6．最終残金の支払いをしていない場合の対応

最終残金の支払いをしていない場合の対応には注意が必要です。

不具合があると感じた建築主は最終残金の支払いを留保していることが多いようです。しかし、最終残金には遅延損害金が付く可能性がありますので、瑕疵を主張する際には相応の注意をして主張を構成することが必要となります。

たとえば、残代金に遅延損害金がつかないようにするため、瑕疵修補の請求をするのであれば、同時履行の抗弁権の行使をすることが考えられます。また、瑕疵修補に代わる損害賠償請求権であれば同時履行の主張だけでなく相殺の主張も可能です。

しかし、どちらが適切でしょうか。詳しくは本論⑧で説明したいと思います。

7．事件として受任するにあたり、注意すべき事項

(1) 約款の解釈を巡る問題について

❶ 請負契約約款の解釈を巡る問題について

訴訟を提起するにあたり、請負契約約款の解釈が問題となることがあります。

建築請負契約においては民間（旧四会）連合協定工事請負契約約款が用いられることが多いようです。そこには、前述したように、瑕疵担保責任について除斥期間を短縮する旨の規定や、請負代金額の変更、履行遅滞、違約金、あっせんまたは調停による紛争解決など、当事者の権利義務に関する重要な関係が数多く定められております。

そして、この約款が請負契約書に添付されていれば、契約の一内容をなすと解釈されることになりますので、必ず、この約款に目を通したうえで訴訟提起を検討する必要があります。

ここでは、上記約款に見られる仲裁合意の規定について取り上げてみたいと思います。

1　相談、受任にあたっての留意事項

❷　仲裁合意について

イ．建築請負契約を締結したとき、この契約書中に仲裁合意の条項が設けられていたり、別紙で仲裁合意書に署名押印させられていたりすることがあります。この場合には、裁判ではなく仲裁で紛争解決をはからねばならないのか、それとも裁判提起も可能なのかという問題があります。

　　ここでは、つぎの判例を紹介しておきます。

＜判例紹介＞

　　・最1小判S55.6.26　判タ424－77

　　この判決は、契約書添付の約款29条に以下のような仲裁合意が定められていたにもかかわらず、請負業者の側から仲裁の合意をした覚えはなく、たまたま約款に印字されていただけである、と主張した事案でした。ちなみに約款29条では「この契約について紛争が生じたときは、当事者の双方は一方から相手方の承認する第三者を選んで、これに紛争の解決を依頼するか、又は、建設業法による建設工事紛争審査会のあっせん又は調停に付する旨、及びこの方法によって紛争解決の見込みがないときは、右建設工事紛争審査会の仲裁に付する」旨の記載がされておりました。

　　この事案で、最高裁の判決は、原判決が当事者間のやりとりをいくつか認定したうえで、当事者間に約款29条に定める仲裁契約に関する合意が成立したと認定をしたのは正当と肯認される、と判断しております。つまり、請負契約書の約款29条に仲裁合意の記載があることや、当事者の契約締結の過程を検討したうえで、当事者間に仲裁合意が成立していると判断して、裁判の対象とはならないと判示しております。ここで重要なのは、約款の存在だけでなく、契約締結の過程をも考慮したうえで判断していることです。したがって、この判例によって、「約款に印字されていれば常に仲裁合意されたことになる」とまではいえませんので、ご注意ください。

ロ．ところで、平成15年には仲裁法が定められ、翌年3月1日から施行されました。この仲裁法では、仲裁合意は書面でされなければならないとの法規定が定められております（13条）。また、民間（四会）連合協定工事請負契約約款でも、仲裁合意書の作成を前提とした規定がつくられましたので、今では約款に仲裁合意の記載文言があるだけでは十分でなく、別に仲

裁合意書の文書が存在してはじめて仲裁合意が成立したか否かが議論されることになります。

　なお、上記仲裁法では、仲裁法附則13条2項で、消費者を相手に事業者が仲裁合意し、この合意に基づき事業者が仲裁申立した場合であっても、「消費者は、消費者仲裁合意を解除することができる」と定めております。まさに消費者保護の規定といえます。

　そこで、つぎにこの規定を巡る判例を紹介します。

＜判例紹介＞

　・名古屋地判H17.9.28　判タ1205-273

　この判例は、仲裁法の制定前の事案ではありますが、消費者側から仲裁法附則13条2項の趣旨を適用して仲裁合意の解除を認めるべきであると争われた事案です。

　裁判所は、当事者の締結した請負契約において、仲裁合意の成立が認められると認定したうえで、本件においては仲裁法附則13条2項の消費者の無理由解除権の趣旨に照らしたとき、仲裁合意を適用することが信義則に反するとまではいえないとして、消費者側の訴えが却下されております。なお、特殊な事案ですので、一般化してしまうことはできそうにありませんが、参考として供します。

(2)　訴訟を提起するとき、被告を誰にするか

　訴訟提起にあたっては、当該契約の当事者だけではなく、建築物の生産にかかわった関係者をすべて把握する必要があります。

　建築生産の現場では元請、下請、設計、工事監理、その他の多種多様な職種の人たちがかかわりますので、瑕疵を生じさせた責任は誰にあるのかを見極めて、各人の責任を法的に検討したうえで訴訟を提起することが大事です。

　場合によると、多数の被告を相手に訴訟することになるかもしれませんので、そのつもりでご検討ください。

② 紛争解決手段の選択

　　紛争が生じたとき、これを話し合いで解決するのか、それとも白黒をハッキリつけるのか、大きく分けて２つの方法があります。

　前者の話し合い解決の優れている点は、建物を建築した人に修補させることを前提にして話し合うことが可能で、その場合、建物の細かな部位部材に詳しいので適切な対処が期待できることがあげられます。また、修補した後に修補が十分でない場合の責任の所在がハッキリすることも、利点のひとつといえましょう。

　後者の場合は、不具合をつくりだした人に修補させても技術力等を信用できないので、この機会に他の業者に頼みたいとして、修補に代わる損害賠償を請求してお金で解決したいときには良い方法かもしれません。

　そして、前者に適した紛争解決方法としては裁判外紛争解決手続（以下ADRという）があげられます。また、後者に適した紛争解決方法としては裁判手続があげられます。また、欠陥を生みだした原因が悪質である場合もありますので、その場合には行政処分の申立てや刑事告訴の申立ても考えねばなりません。

　以下で、これら手続きについて触れたいと思います。

1．ADRについて

ADRは英語のAlternative Dispute Resolutionの略（以下、ADRと略称する）であり、裁判外紛争処理などと訳されております。

　裁判外紛争処理の制度は従来から存在しておりました。たとえば、戦前には借地借家調停、小作調停などが裁判所の下で行われており、これを司法型

ADRと呼んでおります（もちろん「裁判外」という言葉に拘泥すると、司法型ADRは裁判所で行うため、裁判外とはいえずADRではないとの議論もされますが、話し合い解決を目指すという意味で、司法型ADRと通常いわれております）。

ところで、戦後になると、司法型ADRとしては家事調停、民事調停など、行政型ADRとしては労働委員会、建設工事紛争審査会、公害審査委員会などが設置され、民間型のADRとしては日弁連交通事故相談センターなどが設置されております。

しかし、これらのうち建築紛争を取り扱う裁判外紛争処理機関に限ってみると、従来型としては、裁判所の民事調停と建設業法に基づく建設工事紛争審査会の2つが代表的なものでした。

ところが、平成12年になると、住宅の品質確保の促進等に関する法律（H11.6.23公布、H12.4.1施行、以下、住宅品確法という）に基づいて、住宅紛争処理を専門とする民間型ADRである住宅紛争審査会が、全国の弁護士会に順次設置されました。

また、平成19年4月1日には、裁判外紛争解決手続の利用の促進に関する法律（以下、ADR法という）が制定施行され、同法に基づいて裁判外での紛争処理の機関が法務大臣の認証を受けて、民間型ADRとして設置可能となり、実際にも建築紛争を取り扱うことのできるADR機関が増えてまいりました。

以下では、①住宅品確法に基づく住宅紛争審査会の紛争処理の制度について、また、②建設業法による建設工事紛争審査会の制度、そして③ADR法による紛争処理の制度や、④民事調停の制度などについて、簡単な説明をしておきたいと思います。

(1)　住宅紛争審査会

前述したように、住宅品確法に基づいて住宅紛争の簡易・迅速な解決を図るため、全国52の単位弁護士会に裁判外紛争処理の制度が創設されました（同法62条）。それが指定住宅紛争処理機関による紛争処理体制の制度です。

そして、弁護士会ではこれら紛争処理手続を進めていく主体を、住宅紛争審査会と呼んでおります。

❶　この制度の特色について

この制度の特色の1つは、全国の弁護士会が指定されている点です。

2 紛争解決手段の選択

　同法62条によれば、指定住宅紛争処理機関には「弁護士会又は民法第34条の規定により設立された法人」を指定できる、と定められております。同法があえて指定対象として「弁護士会」と明示しているのは、迅速適正な紛争処理を行うためには、公正中立の機関としての社会的信頼があって、法的処理を行う能力が必要であるところ、これを有するのが弁護士会だからであるとの説明です。

　つまり、住宅紛争審査会はこの点で、建設業法に基づく建設工事紛争審査会や民事調停法に基づく民事調停とは異なる視点に立って創設されているわけです。たとえば、建設工事紛争審査会は、建設業界の健全な育成、業者の保護育成を図ることを目的とする建設業法に準拠するため、ともすれば業者サイドに流れ、消費者の利益を考慮した妥当な解決が得られにくいとして、消費者からの苦情が絶えなかったとの指摘がありました。また、民事調停の制度は、厳密司法の影響で解決までに時間がかかりすぎるなどの問題が指摘されておりました。まさにこれらを克服しようとしたのが住宅紛争審査会といえます。

　たとえば、住宅紛争審査会の事務局を弁護士会に置き（建設工事紛争審査会の事務局は建設部局に置かれていた）、紛争処理手続に弁護士が必ず関与すると定めることで、紛争処理の手続きを弁護士主導で行うことにしました。これで、消費者の利益にも十分に目配りした制度を目指したわけです。

　また、実際に行われている全国の住宅紛争処理の実態をみると、平成25年9月末日までの統計で、これまで合計で571件（あっせん22件、調停544件、仲裁5件）の紛争処理の申請がされましたが、紛争処理の終結した件数が423件（あっせん16件、調停404件、仲裁3件）となっており、この終結件数のうち、その半分以上の227件が解決して終了しております。そして、審理に要した平均審理回数が4.8回（あっせん2.4回、調停4.8回、仲裁5回）で、紛争処理に要した日数が平均205日（約6.8ヵ月）となっております。したがって、民事調停よりは簡易迅速な解決が図られているといえます。

　つぎに、もうひとつの特色が、指定住宅紛争処理機関の紛争処理業務を支援する公益財団法人住宅リフォーム・紛争処理支援センターの存在です。同センターは、毎年全国各地で紛争処理委員向け実務研修を実施したり、紛争処理に必要な費用を助成したり、技術関連情報の提供を行うな

2　紛争解決手段の選択

ど、住宅紛争処理のための各種支援を行っております。

　これによって、人材の育成や手続きの公正・迅速化に向けての取組みが、不断に行われる素地が築かれております。

❷　制度の枠組み

イ．紛争申立が可能な対象・範囲が限定されている。

　対象建物は、H12.4.1以降の請負または売買契約のあった建設住宅性能評価書の交付を受けた新築住宅と定められておりましたが、特定住宅瑕疵担保責任の履行の確保等に関する法律（H19.5.30公布、H21.10.1施行）による保険付住宅にも、住宅紛争処理の申立てが可能となりました

　しかし、あくまでも新築の「住宅」に限られますので、たとえば、店舗・テナントビルや工場などは対象外となります。

　対象となる紛争は、請負契約または売買契約に関する紛争です。したがって、請負・売買契約に関係しないもの、たとえば、設計監理者との紛争や、契約関係にない者との紛争（隣地との日照権紛争など）は対象になりません。ただし、請負・売買契約に関する紛争であれば、住宅の瑕疵を巡る紛争だけではなく、代金支払いを巡る紛争やその他の紛争も、広く対象となります。

ロ．申請料、管轄について

　申立費用も安価で、約1万円程度で申立てすることが可能です。また、管轄の定めはなく、全国どこの住宅紛争審査会に申立てすることも可能です。

ハ．業務内容について

　業務内容としては、「あっせん」「調停」「仲裁」の3種類があります。

　紛争処理委員には「人格が高潔で識見の高い者のうちから…選任しなければならない」（住宅品確法第64条1項）と定められ、通常は入会5年以上の弁護士、経験豊かな建築士、学者などが選任されており、調停の場合などは、弁護士と建築士がセットになって紛争処理にあたることが多いようです。

　なお、成立した調停書には債務名義性がないため、強制執行できないこと、また、住宅紛争審査会への申立てには時効中断効がない点に、ご注意ください。

31

② 紛争解決手段の選択

(2)　建設業法の建設工事紛争審査会

　建設工事紛争審査会は、建設業法第25条に基づき「建設工事の請負契約に関する紛争の解決を図るため」に設置され、中央建設工事紛争審査会が国土交通省に１つ、そして、各都道府県に１つずつの48の建設工事紛争審査会が設置されております。

❶　この制度の特色について

　　この建設工事紛争審査会は、「建設業を営む者の資質の向上、建設工事の請負契約の適正化等を図ることによって、建設工事の適正な施工を確保し、発注者を保護するとともに、建設業の健全な発達を促進」すること（建設業法１条）と、「建設工事の請負契約に関する紛争の解決を図るため」（同法25条）に設置された制度です。

　　もともと建設業の契約関係は前近代的だといわれ、たとえば、書面で契約締結をしなかったり、力関係で内容がねじ曲げられたり、代金額が中途で変更されたり等のトラブルが多かったため、これを是正していこうとする施策の中で制定されたのが、この紛争解決の制度といえます。

　　したがって、どちらかというと現状を全て否定するのではなく、これを追認しながらも、近代的な契約関係に近づけるように指導をしていくような狙いがあった制度と、私は認識しております。また、申立対象は建設工事の請負契約を巡る紛争だけで、土木工事の紛争、元請・下請間の紛争なども取り扱います。事務局は建設部局におかれることが多く、紛争処理委員に同部局出身者の方が付くこともあります。

　　申請件数をみてみると、全国の都道府県にある建設工事紛争審査会への申請件数について、平成８～９年度頃がピークで年間300件を越えています。しかし、その後は下落傾向にあり、平成21年度で132件とのことで、このうち、下請が元請を訴えるのが32％、個人発注者が請負人を訴えるのが30％、請負人が法人発注者を訴えるのが16％です。なお、平均審理回数が平成18年度で、あっせん1.5回、調停3.4回、仲裁10回で、終了事件の平均所要月数は、あっせん2.8月、調停６回、仲裁19.6回ということですから、紛争処理の期間としては比較的短期間で解決されているといえましょう。

❷　制度の枠組み

イ．紛争申立が可能な対象・範囲が限定されている。

対象は、前述したように、建設工事の請負契約を巡る紛争に限られます。したがって、店舗・テナントビルや工場などの建築紛争でもそれが請負契約によるものであれば申立可能です。しかし、建売住宅、マンション購入のような売買契約や、設計や監理を巡る紛争、隣家との紛争（日照権など）などは取り扱いません。

　もちろん請負契約に関する紛争であれば、建物の瑕疵を巡る紛争だけではなく、代金支払を巡る紛争やその他の紛争も、広く対象となります。

ロ．申請料、管轄について

　申立費用は安価とはいえず、請求額との関係で決められております。たとえば、調停申立の場合で最低２万円からとなっており、仮に751万円の損害賠償を求める場合には約４万3000円くらいの申請料が必要となります。そして、その他に、通信運搬費、現地の調査に要する費用などがかかります。

　管轄については、建設業者の免許取得の場所によってその管轄が異なってまいります。

ハ．業務内容について

　業務内容としては、「あっせん」「調停」「仲裁」の３種類があります。

　委員の選任は「人格が高潔で識見の高い者のうちから…任命する」と定められており（同法25条の２）、実際には弁護士、大学教授、建設行政にあった者などの中から選任されております。

　なお、成立した調停書には債務名義性がないこと、また建設紛争審査会への申立てには時効中断効がないことは、住宅紛争審査会におけるのと同様です。

(3)　いわゆるADR（仲裁センター）機関について

❶　ADR法に基づき、民間紛争解決手続を業として行う者は法務大臣の認証を受けると定められており（ADR法５条）、全国の弁護士会の中には、たとえば、仲裁センター、紛争解決センター、民事紛争処理センターなどの名称で、認証を受けたADR機関が設置されております。ほかにも、司法書士会、行政書士会、土地家屋調査士会などにも同様に設置されるなど、数多くのADR機関が全国に設置されております（平成25年11月28日現在で128のADR機関が認証されています）。

33

2 紛争解決手段の選択

❷ この制度の特色について

　このADR法の存在理由については、通常、裁判制度で賄い切れない点を補うものであると指摘されます。たとえば、裁判制度はボーダレス時代において多発する国際紛争に対処しにくいとか、紛争の中に感情的な部分が大きなウェイトを占めている場合には不向きであるとか、解決までに時間がかかるとか、公開原則のため公開されたくない事件は利用しにくいとか、裁判制度による制度の限界を指摘したうえで、これを補う制度であるといわれます。

　その意味で、ADR法はこれらの要求に応じるような、簡易で迅速な解決に資する制度であるといえましょう。

　他方で、課題として、人材育成をどうするのか、紛争手続の公正で迅速な解決がされるようにするため、外部評価をどう取り入れるのかなどの問題点が指摘されています。

❸ 制度の枠組み

イ．紛争申立が可能な対象・範囲は、各ADR機関によってまちまちですが、認証を受けたADR機関のうち弁護士会関係の機関をみると、基本的に対象・範囲に限定がなく、何でも取扱い可能とされているものが多いようです。

　たとえば、店舗テナントビルや工場などの請負契約を巡る紛争、そして、建売住宅、マンション売買のような売買契約や、設計や監理を巡る紛争、隣家との紛争（日照権など）など、あらゆる建築紛争を取り扱うことのできるADR機関がいくつも存在しております。

ロ．申請料、管轄について

　申立費用は比較的安価なところが多く、1万円くらいのところが多いかと思われますが、具体的にはご確認ください。

　ほかには、調停期日ごとに手数料を要すると定めているところもあるようですし、調停が成立した場合には、成功手数料を支払わねばならないところが多いようです。管轄については、定めのない場合がほとんどです。

ハ．業務内容について

　業務内容としては、「相談」「あっせん」「調停」「仲裁」などの中から、1つないしいくつかを行っております。

　なお、成立した調停書には債務名義性はありませんが、ADR機関への

申立てには時効中断効が認められており、紛争解決手続を終了した場合、その旨の通知を受けた日から1か月以内に訴えを提起すれば、申立時をもって訴え提起があったものとみなす（同法25条1項）ことになっております。また、調停前置についても特則が定められております（同法27条）。

⑷　民事調停について

　民事調停法に基づいて、話し合い解決の道（調停）を開いております（民事調停法1条）。

　この制度は、戦前からあった借地借家調停などの制度を発展させて、民事に関する紛争全般を取り扱えるようにしたもので、外国からも注目されている紛争解決の方法です。その意味でADRの先駆けといってよいかもしれません。

❶　この制度の特色

　　裁判手続による場合には、証拠主義に基づく厳格な判断が裁判所から一方的にされ、しかも公開の場で行われますが、調停手続では非公開（民事調停規則10条、民事調停法37条、38条）とし、もう少し柔軟な解決を当事者双方の主体的判断により目指すものである、という点に特色があります。

　　ところで、東京地方裁判所22部では付調停制度の運用にあたっては、合意形成目的の調停としてよりは、むしろ争点整理目的の調停の方が多く活用されているとのことです。

❷　制度の枠組み

イ．民事に関する紛争であればすべて申立て対象となります（同法2条）。

　　したがって、建築に関する紛争は請負契約、売買契約から、契約関係にない不法行為によるものまで、すべて扱いますし、新築住宅のみならず、中古住宅、店舗テナントビルについての瑕疵、代金不払いなど、これまたすべて対象です。

ロ．申立費用は、裁判の場合の2分の1とされています（裁判の場合、訴訟物の価額に応じて定められており、たとえば751万円の訴額ならば4万2千円です）。他に郵券代や鑑定費用などがかかります。

　　管轄は、原則として、相手方住所等の所在地を管轄する簡易裁判所となります（同法3条）。ただし、当事者が合意で定めた簡易裁判所、地方裁

判所も管轄があります。

　また、受訴裁判所による職権での付調停というものがあります（同法20条）。この付調停の運用については「2．訴訟提起」の項をご覧ください。ハ．調停のやり方については、調停主任裁判官と調停委員（原則2名）の3名によって構成される調停委員会が担当して実施します。ただし、迅速性を求められる等の相当の事情があれば、裁判官による単独調停が実施されます（同法5条）。

　もちろん調停が成立すれば、強制執行も可能です。また、時効中断効もあります。

　もうひとつ重要な点としては、調停委員会の調停が成立する見込みがない場合でも、裁判所が相当であると認めたときは、事件の解決のために必要な決定をすることができることです（同法17条）。

2．訴訟提起

　ここでは訴訟提起した場合に、どのように裁判所で審理されるのかなど、いくつか重要な点について、東京地方裁判所民事第22部の審理方式を中心にご紹介したいと思います。

　なお、ご紹介する内容は、日弁連ADRセンター双書3『建築紛争解決とADR』（弘文堂）の中で、平成20年当時に同部総括裁判官をしていた菅野博之氏が「裁判所における建築紛争解決の実際」として発表した論文から引用しながら、私の注釈をつけて説明するものです。

(1)　訴訟審理の実態について

　同部では、事件受理後に、事件の内容（争点の数）、性質（複雑性と専門性）等を踏まえて、調停手続を利用するもの、あるいは訴訟手続の中で専門家を活用するものなどにふるい分けし、建築専門家調停委員または専門委員を上手に活用しているとのことです。

　そして、通常は訴状提出後1ヵ月くらいを目途にして第1回期日を法廷で開いて、答弁書の陳述、争点の聴取、証拠の整理がどの程度進んでいるかを聴取した後、弁論準備に付するとのことです。

　そして、上記聴取によって当事者の準備の度合いを判断し、その準備の状

況に応じて、どういう段階で専門家をつけたらよいかを判断するそうです。なお、これを分類すると、以下イ〜リの審理方式になると説明されています。

＜審理方式＞

イ．弁論準備後専門委員型

　　裁判官のみで弁論準備を行い、瑕疵一覧表、追加変更工事一覧表、時系列表等の作成をさせ、争点の確認と書証の整理が完了した段階で、専門委員を付して、ともに現地調査を行い、ついで、専門委員とともに証人尋問または和解もしくは判決に進む方式。

ロ．早期に専門委員を付する型

　　弁論準備の早期の段階、場合によっては第１回または第２回期日から、専門委員を付けて、主張書面や書証の読み方、専門的知見、何が審理判断する価値のある本当の争点なのか等についても助言を得て、現地調査後、専門委員とともに、証人尋問または和解もしくは判決に進む方式。

ハ．弁論準備後調停型

　　裁判官のみで弁論準備を行い、瑕疵一覧表、追加工事一覧表、時系列表等の作成をさせ、争点の確認と書証の整理が完了した後、現地調査に進む段階で、建築専門家調停委員および法律家調停委員を付し、両調停委員の関与の下、現地調査をし、ついで、和解的な調停に進む方式。

ニ．早期調停型

　　弁論準備の早期の段階で、争点整理型の調停に付し、建築専門家調停委員および法律家調停委員の関与の下、比較的早急に現地調査を行い、調停手続の中で、瑕疵一覧表、追加変更工事一覧表、時系列表等の作成や準備書面の交換を実施して、争点の確認と書証の整理等をし、ついで、調停委員会の意見も提示したうえで、和解的な調停を進めるか、弁論に戻すかを決めるという方式。

ホ．調停後判決型

　　争訟性の強い事件につき、あえて上記ニ．の審理方式をとり、建築専門家調停委員および法律専門家調停委員の協力を経て、争点整理をし、調停委員会の意見も書面化したうえで、訴訟に戻し、証人尋問後、判決する方式。

ヘ．弁論準備と調停の並行型

② 紛争解決手段の選択

　弁論準備の早期の段階で、調停に付し、建築専門家調停委員および法律
専門家調停委員の関与で現地調査を行い、調停手続の中で、瑕疵一覧表、
追加変更工事一覧表、時系列表等の作成を行うが、訴訟手続を中止せず、
弁論準備期日も同一期日または調停期日の10分前等に指定し、準備書面の
交換や書証の取調べを弁論準備期日で実施して、争点の確認と書証の整理
等をし、ついで、和解的な調停を進めるか、弁論に戻すかを決めるという
方式。

ト．調停の訴訟化を図る型

　争点整理型の調停を行いつつ、調停手続中に事実の取調べとして、本人
や証人の尋問および尋問調書の作成まで進めてしまう方式。

　チ．裁判官のみで行う型

　裁判官のみで弁論準備を行い、争点の確認と書証の整理をしながら和解
のタイミングを探り、早期に和解するか、人証調べに移行する方式。

リ．鑑定人を選任する型

　イ〜チの方式で、和解または調停成立に至らなかった場合に、さらに鑑
定人を選任して、鑑定をしてから判決する方式。

(2)　現地調査の注意点

　本来は、瑕疵一覧表が完成して、その項目がすべて図面に反映され、それ
を持って現地を見て状態を確認していくというのが現地調査のはずです。

　ところが、瑕疵一覧表が整理されなかったり、証拠が適切に整理されて出
されていなかったりして争点の絞り込みのできない場合に、あえて裁判所は
現地に臨んで、自ら調査見分して争点の絞り込みや主張の整理を指導すると
いう場合もあるそうです。つまり、裁判の迅速、円滑化のため、早期に現地
調査が行われる場合もあるとご理解ください。しかし、このようなケースで
は、再度の現地調査を要することになる場合もあったと報告されています。

　現地調査を行う場合は、現地調停あるいは進行協議期日として行われてい
るようですが、いずれにせよ、裁判所による検証調書が作成されるわけでは
ありません。

　したがって、調停委員会の意見にお任せしようというなら、単に裁判所と
一緒に見分していればよいのかもしれませんが、自己の主張を裏付けるつも
りで現地を見ようとするなら、現地調査の結果を証拠化する必要がありま
す。

そのためには、事前に写真撮影の許可を求めたり、現地調査にあたってよく調査してもらいたいところは、当事者が諸々の準備をしたりする必要があります。具体的には天井の一部をあけておいたり、床をはがしておいたり、照明器具を用意するなどの準備が必要です。

そして、現地調査後には、必ず当事者の代理人は現地調査の結果の報告書を提出すべきです。裁判所もこの時点で調停委員らに調査結果を提出させたり、瑕疵一覧表の補充完成をさせたりしたうえで、調停委員会としての意見をまとめ、調停案を作成するなど、裁判所の心証が形成されてしまう時期にあるからです。そして、いったんこの調停案ができ上がると、これを変更させることは容易ではないので、この時点での当事者の現地調査を踏まえての意見は重要です。

また、調停が不成立となった場合でも、調停の経過はこのとおりであったとか、調停委員会の勧告案はこれこれのとおりであったといった形で、必ずこれは引き継がれます。どうやら裁判所としては、時間やコストをかけた結果ですので、それを活用するのが当然と考えているようですので、ご注意ください。

そして、不利な判断をされた当事者は、反証を出して反論せねばならなくなります。

(3) 専門委員制度について

平成16年4月1日から専門委員制度が施行されております。平成23年4月現在で、建築関係の専門委員は80人以上在籍しているとのことです。

専門委員を付するには、当事者双方の同意が必要です。

専門委員には専門知識を活用して、その分野の説明を分かりやすく説明してもらうことで、裁判所の争点整理に協力してもらうことを主眼とするものです。したがって、基本的には専門的な内容の書証の読み方、図面の説明や、当事者の主張する事実関係に誤解がある場合の正しい説明などをしてもらうのが本来の使い方です。

それを越えて専門家が、現地調査の結果を判断したり評価したりする役割を有するわけではありません。ただ、あくまでも当事者の合意に基づいて専門委員を置きますので、当事者双方が明示的に同意して専門委員の「意見を求めたい」という場合は、裁判所と協議のうえ、これを活用することは可能です。

② 紛争解決手段の選択

　ただ、あまりにも拡大活用しますと鑑定人のような扱いになりますので、その点は裁判所として消極的に考えていると説明されております。しかし、現場での運用は勢い、このような意見がされているように、私は感じております。

3．行政処分の申立て

(1)　建築士に対する行政処分
　一級建築士、二級建築士、木造建築士は、建築士法違反、建築基準法違反、それ以外の建築関連法令違反をしたとき、あるいは業務に関して不誠実な行為をしたときには、国土交通大臣または都道府県知事から、「免許取消」、「1年以内の期間を定めて業務停止」、「戒告」の各行政処分を受けることになります（建築士法10条1項）。
　一級建築士にあっては、これらの行政処分のほかに、これら処分を行うに至らない不正行為等について「文書注意」の処分を行うことができる旨を定めています。
　そして、国土交通省は行政手続法の定めに従い、平成20年11月14日制定（同月28日施行）に係る「一級建築士の懲戒処分の基準」（45頁以下参照）を公表しております（なお、平成19年5月31日制定の基準は同時に廃止されました）。
　それによれば、建築関連法令違反の行為と不誠実な行為の態様ごとにランクを定め、これを基礎点として行為者の意識、行為の態様、是正等の対応、社会的影響、その他を考慮して、基礎点たるランクについて加重、軽減することで、処分等のランクを機械的に決定できるよう定めております。言い換えると、行為態様に応じて、上記の行政処分のうち、どの行政処分が行われるかをあらかじめ明確にしようとしているといえます。

　以下は「一級建築士の懲戒処分の状況」を表したものです。平成17年の姉歯事件を機に、処分が厳しくなったことが分かると思います。

40

② 紛争解決手段の選択

年　　　度	H1～16 (平均)	H17	H18	H19	H20	H21
免許取消	0.31	11	15	11	4	6
業務停止	10.30	17	45	62	15	30
戒　　告	3.75	3	0	0	1	2
合　　計	14.36	31	60	73	20	38

＜判例紹介＞

・福岡地決H21.9.7

　この事件は、福岡県内および佐賀県内に所在の建築物20件の構造計算書に設計者として記名押印した一級建築士が、いわゆる差し替えにより、入力データ部分とこれとは別の入力データによる出力結果部分を合わせた、一貫性がなく再現性のない、不適切な構造計算書の作成に関与したとして、一級建築士として不誠実な行為を行ったとの理由で、国土交通大臣から平成21年6月19日に一級建築士免許の取消処分を受けました。これに対し、重大な損害を避けるため緊急の必要があるとして、一級建築士が取消処分の効力の停止を求めたというのがこの事件です。

　福岡地方裁判所は平成21年9月7日、この一級建築士の申立てを認容して、処分の効力を停止する決定を下しています。

　なお、この設計者（一級建築士）に対する処分についてはドタバタ劇が続きました。たとえば、後述する最判H23.6.7で違法と判断されたのと同じ書式を使って、この設計者（一級建築士）にも処分を告知していたことから、国交大臣はいったん当該処分を撤回し、平成25年9月17日になって改めて再審査した結果に基づき、理由を付して免許の取消処分をした旨の報道がされております。

・最判H23.6.7　判時2121-38

　この事件は、札幌市内の複数のマンションを設計した一級建築士が、建築基準法令に定める構造基準に適合しない設計を行って耐久性等の不足する構造上危険な建築物を現出させたとして、国土交通大臣から平成18年9月1日

41

2 紛争解決手段の選択

付けで建築士法10条1項2号および3号に基づく懲戒処分として一級建築士免許の取消処分を受けたが、これを不服として処分を争った事例です。

当時は懲戒処分について、平成11年12月28日通知で処分基準を定めて公にしておりましたところ、この処分を下すにあたり根拠法上は示されるも、その処分基準の適用関係が全く示されておらず、複雑な基準の下では処分理由が提示されたとはいえないとして、この処分は違法とされ、取り消されました。

(2) 建築士事務所に対する行政処分

❶ 建築士事務所には、一級建築士事務所、二級建築士事務所、木造建築士事務所の3つの種類があり、いずれにあっても都道府県知事の登録を受けることで、はじめて「他人の求めに応じ報酬を得て、設計・工事監理、建築工事契約に関する事務、建築工事の指導監督、建築物に関する調査若しくは鑑定又は建物の…手続の代理…を業として」行うことができることになります（建築士法23条）。

そして、都道府県知事による監督処分としては、一級建築士事務所、二級建築士事務所、木造建築士事務所について「登録の取消し」「1年以内の期間を定めて建築士事務所の閉鎖」「戒告」の3つの種類が規定されています（建築士法26条）。

❷ これら監督処分の内容を簡単に説明すると、以下のとおりとなります。

イ.「登録取消」について

建築士事務所の開設者が虚偽または不正の事実に基づいて建築士事務所登録を受けたり、欠格事由が存在したり、廃業の届出なしに廃業、死亡等していたときは、都道府県知事により登録が取り消されます（建築士法26条1項）。

ロ.「戒告、閉鎖、登録取消」について

建築士事務所が名義貸し（建築士法24条の2）、再委託の制限（同法24条の3）、帳簿の備付け及び図書の保存義務（同法24条の4）、標識の掲示（同法24条の5）、書類の閲覧（同法24条の6）、重要事項の説明等（同法24条の7）、書面の交付（同法24条の8）等の義務に違反したり、管理建築士や所属の建築士が同法10条1項に定める行政処分を受けたり、事務所開設者や管理建築士や所属の建築士が建築基準法違反の設計や工事監理を

行った場合に、都道府県知事は建築士事務所の開設者に対し、戒告、1年以内の建築士事務所の閉鎖、登録の取消しを命ずることができます（同法26条2項）。

❸　建築士事務所の監督処分について、東京都都市整備局（市街地建築部）の公表資料によると、以下のような傾向が読みとれます。

イ．管理建築士や所属建築士が国土交通大臣から懲戒処分を受けたことに伴い、その懲戒処分に相応して、建築士事務所への監督処分が行われている。

ロ．管理建築士が破産したり死亡したりしたことに伴い、登録取消の処分を行っている。

ハ．管理建築士を置かずに建築士事務所登録を継続したため、登録取消とした場合が散見される。

⑶　建設業者

　建設業者は、建築基準法の定めに違反したとき、国土交通大臣または都道府県知事から「必要な指示」や「1年以内の期間を定めて営業の全部又は一部の停止」「建設業者の許可取消」の行政処分を受けると定められています（建設業法28条、29条）。

　なお、建設業者が欠陥建物を建設した場合に、下される行政処分として考えられるのは、「主任技術者及び監理技術者の設置等」（建設業法26条）の義務に違反した場合の処分があげられると思います。

43

② 紛争解決手段の選択

4．建築士に対する刑事罰の強化

違反内容	罰則内容	
	改正前	改正後
建築士の名義貸し、建築士による構造安全性の虚偽証明（H19.6.20施行）	—	懲役1年以下／罰金100万円以下
業務を行う目的での建築士の名称の使用禁止違反（＊）、建築士でなければできない建築物の設計等の違反等（H19.6.20施行）	懲役1年以下／罰金30万円以下	懲役1年以下／罰金100万円以下
建築士等の名称の使用禁止違反（上欄（＊）の場合を除く）（H19.6.20施行）	罰金20万円以下	罰金30万円以下
建築士免許証等の返納義務違反、重要事項説明時免許証提示違反（H20.11.28施行）	—	過料10万円以下

② 紛争解決手段の選択

【参考】

表1　ランク表

懲戒根拠	懲戒事由		関係条文	ランク
建築関係法令違反（建築士法第10条第1項第1号）	建築士法違反	1．業務停止処分違反	10①	16
		2．指定登録機関、指定試験機関又は指定事務所登録機関の秘密保持義務違反（指定登録機関等の役職員等として）	10の8①、10の20③、15の5①、15の6③、26の3③	4
		3．登録講習機関の地位の承継の届け出義務違反（地位を承継した者として）	10の27②、22の3②、26の5②	4
		4．試験委員の不正行為	15の4、15の6③	4
		5．違反設計、違反適合確認	18①、20の2③、20の3③	
		（建築物の倒壊破損、人の生命身体への危害の発生に繋がるおそれのある技術基準規定違反の設計・適合確認等）		9～15
		（上記以外の違反設計・違反適合確認）		6
		6．工事監理不履行・工事監理不十分	18③	6
		7．無断設計変更	19	4
		8．設計図書の記名・押印不履行	20①	4
		9．安全性確認証明書交付義務違反	20②	6

45

2 紛争解決手段の選択

		10. 工事監理報告書の未提出、不十分記載等	20③	4
		11. 建築設備資格者の意見明示義務違反	20⑤	4
		12. 名義借り	20①③、20の2①②、20の3②、24①	6
		13. 名義貸し	20①③、20の2③、20の3①③、21の2、24の2	6
		14. 構造設計図書・設備設計図書への表示義務違反	20の2①、20の3①	4
		15. 構造設計一級建築士・設備設計一級建築士への確認義務違反	20の2②、20の3②	4
		16. 構造設計図書・設備設計図書の確認記載・記名・押印不履行	20の2③、20の3③	4
		17. 構造設計一級建築士証・設備設計一級建築士証の不提示	20の2④、20の3④	4
		18. 違反行為の指示等	21の3	6
		19. 信用失墜行為	21の4	4
		20. 定期講習受講義務違反	22の2	2
		21. 設計等の業務に関する報告書未提出	23の6	4
		22. 無登録業務	23、23の10	4
		23. 虚偽・不正事務所登録	23の2	4
		24. 事務所変更届懈怠、虚偽報告	23の5①	4

46

		25. 管理建築士不設置	24①②	4
		26. 管理建築士事務所管理不履行	24③	4
		27. 再委託の制限違反	24の3	4
		28. 事務所の帳簿不作成、不保存	24の4	4
		29. 事務所標識非掲示	24の5	4
		30. 業務実績等の書類の備置き、閲覧義務違反、虚偽記入	24の6	4
		31. 重要事項説明義務違反	24の7①	4
		32. 建築士免許証等の不提示	24の7②	4
		33. 業務委託等の書面の交付義務違反	24の8	4
		34. 事務所閉鎖処分違反	26②	16
		35. 事務所報告、検査義務違反	26の2	4
		36. 建築士審査会委員の不正行為	32	4
建築関係法令違反（建築士法第10条第1項第1号）	建築基準法違反	37. 設計、構造設計、設備設計、工事監理規定違反	5の4	6
		38. 無確認工事等	6、7の3	6
		39. 違反工事	各条項	6
		40. 工事完了検査申請等懈怠	7、7の3	4
		41. 是正命令等違反	9	6
		42. 確認表示非掲示	89①	4
	上記以外の建築関係法令違反	43. 建築確認対象法令違反		3〜6

② 紛争解決手段の選択

不誠実行為 （建築士法第10条 第1項第2号）	44. 虚偽の確認通知書等の作成 又は同行使		6
	45. 無確認着工等容認		4
	46. 虚偽の確認申請等		6
	47. 工事監理者欄等虚偽記入		6
	48. 管理建築士専任違反		4
	49. 管理建築士への名義貸し		6
	50. 重要事項説明の欠落		4
	51. その他の不誠実行為		1～6

（注）上表に具体の記載のない行為については、上表中の最も類似した行為
の例によること。

表2　個別事情による加減表

項目	内容	加重・軽減
行為者の意識	○重大な悪意あるいは害意に基づく行為	＋3ランク
	○行為を行うにつきやむを得ない事情がある場合	▲1～▲3ランク
行為の態様	○違反行為等の内容が軽微であり、情状をくむべき場合	▲1～▲3ランク
	○暴力的行為又は詐欺的行為	＋3ランク
	○法違反等の状態が長期にわたる場合	＋3ランク
	○常習的に行っている場合	＋3ランク
是正等の対応	○速やかに法違反等の状態の解消を自主的に行った場合	▲1ランク
	○処分の対象となる事由につき自主的に申し出てきた場合	▲1ランク
社会的影響	○刑事訴追されるなど社会的影響が大きい場合	＋3ランク
その他	○上記以外の特に考慮すべき事情がある場合	適宜加減

② 紛争解決手段の選択

表3　処分区分表

処分等のランク	処分等の内容
1	文書注意
2	戒告
3	業務停止1月未満
4	業務停止1月
5	業務停止2月
6	業務停止3月
7	業務停止4月
8	業務停止5月
9	業務停止6月
10	業務停止7月
11	業務停止8月
12	業務停止9月
13	業務停止10月
14	業務停止11月
15	業務停止12月
16以上	免許取消

※業務停止期間については、暦に従うものとする。

表4　過去に処分等を受けている場合の取扱表

過去の処分等 / 今回相当処分等	文書注意 (ランク1)	戒告 (ランク2)	業務停止 (ランク3〜15)	免許取消 (ランク16以上)
文書注意 (ランク1)	+1ランク (+2ランク)			
戒告 (ランク2)			+3ランク (+4ランク)	
業務停止 (ランク3〜15)				
免許取消 (ランク16以上)	免許取消			

（　）は過去の処分の懲戒事由が今回の懲戒事由と同じ場合

49

2 紛争解決手段の選択

（注1）過去の処分等の懲戒事由が今回の懲戒事由と同じ場合は、上表中の
（　）内のランクを今回相当とされる処分等のランクに加重する。
ただし、過去の懲戒事由が表1のランク6以上に該当し、今回も同
表のランク6以上に該当する場合は、免許取消を行うものとする。

（注2）過去の処分等が今回の懲戒事由となる行為から5年より前である場
合は、上表中のランクを1ランク軽減し加重するものとする。ただ
し、過去の懲戒事由が表1のランク6以上に該当する場合は軽減し
ない。

③ 建築請負契約における瑕疵責任

　建設業者との間で建築請負契約を締結して、工事が完成して引き渡されたが、雨漏りしているなどの瑕疵が発見された場合、最初に検討すべきは「建設業者に対する請負契約上の責任」といえます。

　請負契約上の責任としては、民法の瑕疵担保責任の規定（民法634条）が最初に思い浮かぶところでしょう。しかし、判例をみると、民法の一般原則である債務不履行責任の主張がされ、これが認められたり、不法行為責任の主張がされ、認められたりしています。

　そこで、以下では、それぞれの主張の根拠、内容を分析し、射程距離を検討してみたいと思います。

1. 施工業者の瑕疵担保責任について

⑴　瑕疵とは何をいうのか

❶　一般的な考え方

　請負契約における「瑕疵」概念については、立法段階での議論、ドイツ民法における議論の影響、我妻説、建築紛争を意識してからの具体的類型的考察など、数多くの議論がなされてきたと指摘されています。これらは「瑕疵」判断にあたり、通常有すべき品質・性能を基準にするのか（客観説）、当事者の契約内容を基準とするのか（主観説）、瑕疵の態様ごとに分類して基準を考えるのか、を巡っての議論といえそうです。

　以上の指摘をしたうえで、判例の考え方について整理し、結論づけている論文があるので、そのエッセンスを以下で紹介しておきたいと思います（判タ1148号、山地修「請負人の瑕疵担保責任における『瑕疵』概念について」より）。

3 建築請負契約における瑕疵責任

イ．瑕疵とは、契約で定めた内容に違反することと捉える（契約違反、主観説）。

ロ．そのうえで最初に、契約で定められた仕事の具体的内容が何であったのかを確定し、その内容に違反しているか、を判断する（契約内容の確定作業）。

ハ．仮に契約で定めた仕事の内容が不明確な場合、諸般の事情から契約内容を合理的に解釈する（合理的意思解釈）。

　そのひとつとして、建築基準法令等に定めた仕事が当事者の合理的意思に合致すると解釈する。

ニ．契約内容に違反すればすべて「瑕疵」となるわけではなく、実質的・規範的概念であり、法的評価を伴うものである。したがって、軽微な約定違反は瑕疵と評価されない場合もある。

以上が、瑕疵を判断するときのもっともオーソドックスな考え方といえます。

　ほかにも、判例の瑕疵概念に言及している論文があり、同論文も上記イ〜ロと同旨と解されますので、念のため、これを掲げておきます。

　すなわち、「従来のわが国の裁判例によれば、請負の仕事の目的物に瑕疵があるとは、完成された仕事が契約で定めた内容通りでなく、不完全な点を有することである。したがって、瑕疵があるかどうかの判断をなすにあたっては、契約によって定められた仕事の具体的内容が何であったかを確定する必要がある。明示の特約がない場合でも、請負の目的物が通常備える品質、性能を具備することも黙示に合意されているとみるべきであり、建物建築工事において、雨漏りや顕著な壁の亀裂、柱の傾き、床の傾きがあれば、仕事の目的物に瑕疵があることになる。また、裁判例によれば、建物の建築工事において契約の内容が不明確な場合は、当事者間には少なくとも建築基準法（特に第2章）に適合した建築工事をする合意ができたものとするのが相当であり、同法に適合しない場合は、建築工事に瑕疵があるとされる」（半田吉信、判時1818号190頁、判例評論533号12頁）との論文です。

❷　合理的意思解釈の必要性

　このように、瑕疵判断で一番重要な点は、「契約内容」を確定させることにあり、そのうえで合理的な意思解釈を加えていくことが重要になります。

③ 建築請負契約における瑕疵責任

　このような解釈の仕方を支持すると思われる注目すべき判決が出ております。それが、つぎに紹介する最判 H 15.10.10　判時1840-18です。

＜判例紹介＞

　　・最判 H 15.10.10　判時1840-18

　本件は、阪神・淡路大震災で倒壊した建物の跡地に、建物を建築することにしたもので、地震により多数の死亡者が出たため、建物の安全性の確保に神経質となり、本件建物の一部の主柱に耐震性を高めるため、当初の設計内容よりも太い鉄骨を使用する（断面寸法300㎜×300㎜）ことを求め、業者もこれを承諾したにもかかわらず、約定よりも細い鉄骨（断面寸法250㎜×250㎜）が使用されていたという事件です。

　大阪高裁は、約定よりも細い鉄骨を使用したという契約違反はあるが、構造計算上、居住用建物としての安全性に問題はないとして、工事に瑕疵があるということはできないと判断しましたが、最高裁は、建物の耐震性を高めるために、請負契約で当初の設計よりも太い鉄骨を使用することが特に約定されていたもので、この約定よりも細い鉄骨を使用した本件工事については瑕疵がある、と判示しました。

　つまり、当事者が明示的に契約した以上、この契約内容に違反した工事は瑕疵になると判示した判例ということができます。しかも、客観的にみて安全性に支障がないとしても、そのことで瑕疵を治癒するわけではないと結論づけたわけですから、客観説に立つわけではないと述べたといえます。

(2)　契約内容の確定と合理的意思解釈の具体例について

　そこで、この主観説の立場に立ったとき、どのような手順で瑕疵判断を行うのか、具体的に説明してみたいと思います。

❶　契約書の内容や、契約書に添付された設計図書、仕様書、見積書の内容は、当然、契約内容を確定する上で重要な判断材料となり、原則としてこれら設計図書等に記載された内容で契約したと判断・認定されることになります。

　　ここで「原則として」と記載したのは、下記の❼の判断により、契約内容と判断されないこともあるからです。

53

3 建築請負契約における瑕疵責任

❷　住宅品確法による住宅性能評価書が契約書に添付されているか、注文者、買主に同評価書が交付されている場合は、その性能を有する旨を契約したものとみなすと定められております（住宅品確法6条）。

　　したがって、この点の確認が必要です。

❸　建築基準法、同施行令、告示などの行政法規についてですが、少なくとも建築基準法は第1条で建築物が有すべき「最低の基準を定めて」いると宣言しており、この基準を満たさない建築物は建築を許されないわけですから、当事者の合理的な意思解釈をしたとき、原則として建築基準法で定める内容を契約内容としていると考えられます。

　　施行令や告示も建築基準法の定めのひとつといえますので、原則として同様に解されるべきでしょう。

　　ただし、後述する❼の観点から、行政法規の定める内容には違反したが、建物全体としてはそれに代わる対策といえるだけの施工がされている場合などは、厳密な意味で契約内容とまではいえないと解される場合もあろうかと思います。

❹　住宅金融公庫の住宅工事共通仕様書に違反すると、当然に瑕疵と判断することになるのかという問題があります。

　　なお、平成19年4月で住宅金融公庫法が廃止されており（新たに独立行政法人住宅金融支援機構が設立された）、その数年前から、公庫融資の制度も適用しなくなりましたので、いまではそれほど重要な争点ではなくなりましたが、ひところ下級審では瑕疵判断にあたり必ず議論された論点でした。

　　ちなみに当時の判例の流れとしては、住宅金融公庫の融資対象の住宅では公庫基準に違反すると瑕疵と認定され、それ以外の住宅では瑕疵と認定するものと、瑕疵と判断しないものとに、下級審の判例が分かれておりました。理由は公庫融資基準というものが、住宅政策のひとつとして（住宅の品質向上のための誘導策として）活用されていたことをどう解釈するか、判断が分かれたからといえます。言い換えると、公庫基準が最低基準を超える特別なものと解するのか、公庫基準は住宅において最低基準に準ずるものと解するかの違いといえましょう。

54

❺　建築学会等の基準に違反した場合についても、下級審の判断は分かれておりました。

　　建築学会等の基準はどちらかというと、不具合部分の技術基準が法令等で定められていないときに持ち出されることが多いのですが、建築関係者の間では学会基準は模範型と捉えられており、建築費が高額なときには学会基準で施工すべきであったと判断すべきかもしれないが、どのような場合でも必ず学会基準でなければならないとまではいえない、といった考え方が多いように感じられます。

❻　住宅品確法で定める「技術的基準」について（住宅品確法70条）ですが、これは住宅紛争処理機関の紛争処理のためのガイドラインとして設けられた技術的基準であって、一定の不具合事象から一定の欠陥を法律上推定するものではないと位置づけられておりますので、ご注意ください。

　　確かに、立法の過程では、一定の不具合事象が生じていれば、一定の欠陥原因事実を推定するといった技術的基準の設定が要望されておりましたが、住宅はその構造や材質、規模、敷地の状況など、個別性の高いものであるため、一概に決めつけるわけにはいかないとの結論に至り、法律上の推定規定とはされませんでした。

　　そこで、あくまでも紛争処理委員のための参考とすべきガイドラインにとどめ（レベルによっては一定の欠陥原因が存在する蓋然性のあることを示すもの）、個別の紛争事件ごとに欠陥原因事実を明らかにすべきであるとの結論になりました。

❼　瑕疵判断は実質的規範的概念であること

　　瑕疵とは前述しましたように、「契約内容」を確定させたうえでその違反に該当するか否かを判断することなのですが、設計図や見積書にあるものがすべて契約内容となっていると決め付けてよいのか、建築基準法で定められた条項に少しでも違反すれば、契約内容に違反し瑕疵だといってよいのか、といった問題があります。

　　まさに瑕疵判断というのは責任を負わせるべきであるといった価値判断を伴うもので、形式的なあてはめだけですむものではありません。そのせいでしょうか、たとえば、基礎の形状のちょっとした不適合や、不具合現象のなかでも、ひび割れ、クラック、木造建物の仕様規定違反などを巡っ

ては、下級審の判例の瑕疵判断も分かれておりますし、年代によって、また、地域によって、判断に違いが生じているようにも思えます。

したがって、判例を参照するときにはこのような地域性、時代性、不具合の程度などの点に気をつけて、いくつかの判例にあたったうえで、瑕疵の判断をする必要があります。

瑕疵に関する判例をいくつか紹介しておきます。
＜判例紹介＞

・神戸地判Ｓ63.5.30　判時1297－109

請負契約における瑕疵の判断は、契約によって定められた仕事の具体的内容を図面や見積書、当事者間の了解事項などを検討して確定すべきであり、その際、明示の特約がなくとも、請負の目的物が通常備えるべき品質、性能を具備することも黙示に合意されていると見るべきだし、建築基準法第2章（施行令を含む）に適合した建築工事の合意があったものと推認するのが相当であると判示しており、実務上参考になる判例です。

なお、公庫基準については本件で明示の合意はなく、黙示あるいは事実たる慣習の存在を認めえず、したがって、公庫基準の不適合をもって瑕疵とはいえないとも判示しております。

また、本件では、他にも、建物の瑕疵修補に代わる損害賠償請求については、損害額を瑕疵による建物の交換価値の減少をもって算定すべきであって、建替費用相当額を請求することはできないと判示するなど、数多くの論点にも言及しており、一度原文にあたってみるべき判例といえます。

・東京地判Ｈ3.6.14　判時1413－78

本件は、敷地面積や前面道路との関係で、注文者の期待するような車庫を建築することには相当な無理があったケースで、諸事情の事実を認定したうえで、これが実現できなかったのは工事の瑕疵にあたると判断しました。瑕疵認定の仕方が参考になる事例といえます。

ほかにも、この判例は多くの論点を検討しております。たとえば、注文者が請負人に相当強い希望を表明したことは窺われると認定しながらも、それが注文者の指図とまでは認められないと判断したり、また、瑕疵修補が不能

である場合の財産上の損害額の算定方法についても、本件建物の客観的な交換価値の減少と解すべきとしたり、除斥期間内に修補請求権が行使されていれば、修補に代わる損害賠償請求権の行使も除斥期間を経過した後であっても妨げられないと判断するなど、実に多くの論点について判示しており、実務上参考とすべき判例です。

・名古屋地判H17.4.22　判時1921-120

　本件は、建築された建物に地下鉄の騒音、振動の伝搬があっても、建物の瑕疵ではないと判示した事例です。少し特殊な事案ですが、騒音が瑕疵になるか、について新しい角度からの判断を示しておりますので、紹介しておきます

　判決によれば、建物に瑕疵があるときとは、請負契約で定められた内容に違反している場合あるいは建築基準法等の一般的建築基準に違反する場合をいうが、騒音等の発生原因を事前に調査する契約上の義務を負っていたとは認められないし、騒音等の発生を防止できなかったことが一般的建築基準に違反したとも認められないから、建物の瑕疵ではないと判断しています。

　なお、本件では請負人の調査義務について議論している点に特色があります。判決は、騒音の発生原因を事前に調査する契約上の義務を負っていたとは認められないとして、それゆえに「建物の瑕疵」ではない、という形で議論しています。しかし、後述する東京高判H14.4.24　判時1796-91では、請負人に説明義務があるとして、これは「債務不履行」になるとして議論し、注文主を救済しております。

　請負人の調査義務違反とか説明義務違反は債務不履行なのか瑕疵の問題なのか、この点についての両判例の違いを検討してみるのもよいでしょう。

・東京地判H17.12.5　判時1914-107

　本件は、マンションの売買契約における瑕疵についての事案ですが、参考になると思います。通常、マンションの売買にあっては、物理的な瑕疵だけでなく、法律的な瑕疵、居住環境上の瑕疵、心理的な瑕疵など、いろいろな瑕疵が主張されます。本件の場合は、化学物質による汚染を瑕疵と認定しておりますので、紹介します。

57

3 　建築請負契約における瑕疵責任

　被告会社は、新聞折込チラシ、パンフレットに環境物質対策基準を遵守している旨を記載して原告にマンションを代金4350万円で販売しました。1年後に室内空気環境調査の簡易測定を行ったところ、売買契約時の行政水準を超える高いホルムアルデヒド濃度が測定されたといった事案で、これを建物の瑕疵と認定しました。その結果、信頼利益の賠償額4791万円余を認定しております。

　なお、賃借人が化学物質過敏症に罹患したと主張して、賃貸人の債務不履行責任を追及した事案では、賃貸人の責任が否定されております（横浜地裁H10.2.25　判時1642－117）。

　買主と賃借人では、法的構成の面でも、また社会的実態としても異なるとは思いますが、この違いは何処にあるのでしょうか。検討してみる価値はありそうです。

```
・東京地判H24.6.8　判時2169－26
```

　本件は、中古住宅と敷地を売買契約により購入したが、4年後に建物が傾斜したため、買主は売主を相手に右傾斜は本件土地の地盤そのものが軟弱で、宅地として通常有すべき品質を有しない瑕疵にあたり、かつ、本件建物がベタ基礎である瑕疵が存在するとし、瑕疵の修補は不可能だとして契約解除を主張した事案です。

　本判決は、本件土地および本件建物の両方に隠れたる瑕疵があることを認め、売主に対して瑕疵担保責任を認めました。しかし、建物が傾斜した点は、修補することにより居住用建物としての利用が可能であるとして、解除は認めませんでした。

　なお、新築住宅の場合であれば、通常、建物の瑕疵のみ認め、土地の瑕疵にはならないと判断するケースが多いと思いますので、中古住宅の場合とでは異なるのは何故か、違いは何処にあるのか検討してみてください。興味深い判例です。

　そして、本判例は中古住宅の瑕疵について、参考になると思います。

> 3 建築請負契約における瑕疵責任

2．施工業者のその他の法的責任を検討する

⑴ 債務不履行責任について

❶ 瑕疵担保責任との関係

　請負契約では、前項で検討したように、原則として瑕疵担保責任が問われます。では、そのほかに債務不履行責任を問うことは可能でしょうか。

　通説・判例は、請負人の瑕疵担保責任（民法634条〜640条）は債務不履行責任の特則であると考えるため、仕事完成後は瑕疵担保責任のみが認められ、債務不履行責任は認められないとしております（たとえば、東京高判S47.7.29　判時668－49）。

　したがって、完成引渡後の不具合については瑕疵担保責任を追及できるだけで、別途、債務不履行責任の追及はできないことになります。

　つまり、通説・判例によれば、これら2つの責任追及の道を分けているのは、建物が「完成」した時点ということです。完成前は債務不履行責任で、完成後は瑕疵担保責任を負担することになるわけです。そして、完成の時期については「予定された最後の工程まで一応終了した」とき、と解されております（東京高判S36.12.20　判時295－28）。

❷ 未完成について

イ．かつては「一応終了した」とはどのように理解すべきかについて、重要な争点とされた時代がありました。参考のため、判例を紹介しておきます。

＜判例紹介＞

　・山形地新庄支判S60.2.28　判時1169－133

　これは、請負人が注文者の細々とした指示に怒って工事を切り上げてしまった事案で、細々としたやり直し工事が残った程度であるとして、裁判所は工事が「一応終了」したと判示して、同時履行の抗弁の主張を排斥した判例です（ただし、注文者からの相殺の主張を認めております）。

59

③ 建築請負契約における瑕疵責任

> ・大阪高判Ｓ51.12.14　判タ549-187

　これは、瑕疵が重大で建て替えるしかない事案で、あえて完成していない
と判断して、裁判所が代金支払いを拒絶できると判示した判例です。

ロ．いずれの判例も、法律上の争点としては工事が「一応、終了した」か否
　かが争われていますが、実質的にみると、請負人の残代金請求に対して注
　文者が残代金を支払うべき時期が到来したかが争いとなった事案です。つ
　まり、仮に支払うべき時期が到来していれば、遅延損害金が付されるた
　め、熾烈な争いとなったものです。
　　しかし、いまでは「8　同時履行と相殺について」で述べますように、
　瑕疵担保責任を追及する注文者は支払時期に来ていても、同時履行の抗弁
　権の主張や相殺の主張が可能ですので、もはや、この種の論争を行う実益
　はなくなったといえそうです。

❸　債務不履行解除について
　　つぎに、建築物の瑕疵担保責任については解除が制限されている（民法
　635条ただし書）ため、建物完成後にもかかわらず、あえて「未完成」で
　あると認定して、債務不履行解除を認めた判例があります（東京高判Ｈ
　3.10.21　判時1412-109）ので、参考のため紹介いたします。
　　同判例は、「民法635条によれば、建物その他土地の工作物に関する請負
　契約においては、仕事の目的物に契約の目的を達成することができないよ
　うな重大な瑕疵がある場合であっても、注文者は、その請負契約を解除す
　ることができない旨規定している。しかし、右の規定は、仕事の目的物が
　建物等である場合に、目的物が完成した後に請負を解除することを認める
　と、請負人にとって過酷な結果が生じるばかりか、社会的経済的にも損失
　が大きいことから、注文者は修補が可能であっても損害の賠償によって満
　足すべきであるとの趣旨によるものであって、仕事の目的物である建物等
　が社会的経済的な見地から判断して契約の目的に従った建物等として未完
　成である場合にまで、注文者が債務不履行の一般原則によって契約を解除
　することを禁じたものではない。」と判示しております。
　　しかし、これも（建築物の瑕疵担保責任としては）建替えを認めないと
　する考え方を前提にしたときの救済判例といえるもので、今では建替判決

は可能と解されておりますので、このような法的構成をとる実益はなくなったといえそうです。

❹ 債務不履行解除が認められる範囲

　注文者が債務不履行を理由に請負契約を解除する場合には、工事内容が可分であり、かつ、当事者が既工事部分の給付について利益を有するときは、特段の事情のない限り、この既工事部分の契約を解除することはできないとされております（最判S56.2.5　判タ438-91）。

　この最高裁の判例によれば、出来高部分については解除の効力が及ばないと理解できます。

　では、出来高部分というのはどのように考えるのか。請負人が現実的に支出した費用そのものか否か、という点が争われた判例がありますので、ご紹介しておきます。

　東京地判H20.4.18（LLI／DB判例秘書登載）の判例では、請負人が自らの債務不履行を理由に契約を解除された場合、注文者に出来高請求できる範囲は、注文者が既施工部分について利益を有する部分に限られるとして、請負人が現実に支出した費用そのものが直ちに出来高と評価できるわけではないと判示しております。

❺ 債務不履行による救済判例

　つぎに、建築物の請負契約で完成引渡後になって、「瑕疵」ではなく、あえて「債務不履行」を認定して施主を救済した注目すべき判例がありますので、紹介しておきます。

＜判例紹介＞

・東京高判H14.4.24　判時1796-91

　施主は建設会社の紹介で売主から土地を購入し、建設会社に本件建物の建築を請負わせたところ、本件土地の約3分の2が都市計画区域（道路予定地）に指定されており、事業実施の際には本件建物を移転・除去する義務を負うことになった事案で、裁判所は売主（宅地建物取引業者でもある）に上記制限について説明する義務があるのはもとよりとして、請負業者においても建築確認取得のため28万円の報酬を得ているのだから、本件建物請負契約

61

③　建築請負契約における瑕疵責任

上の債務として、上記規制、制限の有無について調査し、これを告げる義務があるのにこれを怠ったと認定して、本件土地の売買代金および本件建物の請負代金の総額の10％にあたる355万円の損害を認定しております。

　この判例は、建物の完成引渡後になって、同建物の敷地が建築制限のある土地だったことが分かり、土地購入を紹介し建物を建てた建築請負業者の責任を肯定し、土地購入者で建物の発注者を救済した事案です。果たして請負契約の債務不履行といえるのか微妙であるが、敷地についての公法上の規制の有無の調査、説明義務違反を認めており、請負契約の債務を考えるうえで参考になる判例です。

（2）　不法行為責任
❶　民法709条の責任について
イ．請負契約を締結した当事者間にあっては、瑕疵担保責任の追及はできても、債務不履行責任の追及はできないというのが通説・判例であると指摘しましたが、それでは瑕疵担保責任（契約責任）を問うと同時に、不法行為責任を追及することは可能でしょうか。つまり、これらの責任を同時に問えるのかという問題です。
　　ここでは、ふたつの見解が対立しておりました。

ロ．ひとつは瑕疵担保責任と不法行為責任（民法709条）とは、請求権競合の関係にあって、どちらもその要件を満たす限り、いずれも請求できる、とする立場です（神戸地判H10.6.11　欠陥住宅判例Ⅰ集318頁、福岡地判H11.10.20　判時1709－77）。

＜判例紹介＞

・福岡地判平11.10.20　判時1709－77

　本件は、請負契約を締結した請負業者に対し、土地の地盤の強度を調査する義務を怠り、建物の沈下を招いたとして、施主が不法行為責任を主位的請求として主張した事件で、被告は契約関係にある請負業者に対し不法行為責任を問うことは原則として許されないと争った事案です。
　これに対し「本件においては、原告の主張を前提とする限り、同一の社会的事実について、不法行為による損害賠償請求権と債務不履行による損害賠

償請求権が発生するとされる場合であり（被告が主張するように債務不履行による損害賠償請求権が発生するからといって不法行為による損害賠償請求権が発生しないことにはならない。）、そのような場合において、いずれの請求権を選択して訴訟物を構成するかは、原告の権能に属するものであり…」と判示して、不法行為責任を認めております。

ハ．もうひとつの立場が、請負契約に基づく場合、契約上の責任である瑕疵担保責任を負うのみであって、請負人に故意があったり、過失によるも瑕疵が居住者の健康に重大な影響を及ぼすなど、反社会性、反倫理性の強い場合のみ、不法行為責任（民法709条）が認められるとして、原則として契約責任のみ追及でき不法行為責任を問えるのは例外的な場合にすぎないとする立場です（福岡高判 H11.10.28　判タ1079−235、神戸地判 H9.9.9　判時1652−114）。

ニ．＜コメント＞

　　どちらかというと、欠陥住宅訴訟で被害者救済を重視する考え方が強くなり始めるや、前者の請求権競合の主張が強くなってきた気がします。

　　何故なら、建物が引き渡された後、相当期間が経過してから雨漏りなどの欠陥現象が顕在化することが多く、請負人の瑕疵担保責任の除斥期間が経過してしまっているため責任追及ができなくなり、それでは妥当ではないのではないかとの考えが背景にあるような気がするからです。むしろ、「加害者及び損害を知った」のはこの欠陥現象が顕在化したときだから、不法行為の消滅時効期間はこのときから進行しその責任を問うことができるので、この方が被害者救済に資すると考えたのではないでしょうか。と同時に、この考え方の根底には建築物の瑕疵は長いスパンで考えないと妥当性に欠けてしまうといった考え方が潜んでいると思われ、重大な指摘のような気がします。このように、請求権競合の立場を支持する判例や学説が多く出てきたというのは、被害者救済を求める声が強くなった時代の反映ではないかと思います。

　　しかし、後述するように、基本的安全性に関する最高裁判所の判例（⑥参照）がでてからは、請負業者に対し原則として瑕疵担保責任（契約責任）のみを追及することができ、不法行為責任を別途追及できるのは、建物の基本的安全性を損なう瑕疵があった場合だけであって、どんな瑕疵で

③ 建築請負契約における瑕疵責任

も瑕疵さえ生じれば直ちに「違法性」に該当するというわけではないとの解釈も生じてきております。

　これは、平成19年以降の判例のひとつの流れです。つまり、被害者救済に走り過ぎて、建築生産者側（設計者、施工業者など）の責任期間が長すぎるとの批判を受けての動きともいえます。これまた、重大な指摘であり、今少し判例の動向を見守る必要がありそうです。

❷　民法715条の責任について

イ．それでは、契約関係にある請負業者に対し、（既に除斥期間が経過してしまっている場合に）民法709条ではなく、民法715条を適用することで不法行為責任を追及することは可能でしょうか。

　たとえば、注文者の立場から、下請契約が存在する場合の元請業者に対する責任追及の仕方として、この下請業者の不法行為により建築物に瑕疵が生じたと主張して、元請負業者に対して使用者責任（民法715条）を問うといった法的構成も可能な気がしますが、このような主張を認める判例はあるでしょうか。

　残念ながら、このような法的構成をして、欠陥建物の瑕疵責任を追及している判例は見つかりませんでした。

ロ．ただ、民法715条を用いて元請負人の責任を認めた判例で、少しだけ参考になりそうなのが神戸地姫路支判Ｈ７．１.30　判タ883−218です。以下で、少し説明を加えておきます。

＜判例紹介＞

　　・神戸地姫路支判Ｈ７．１.30　判タ883−218

　本件は、重量鉄筋造３階建賃貸用共同住宅の設計・施工を請負った建設業者に対し、鉄骨の溶接不良等の構造上の瑕疵責任を追及した事案です。

　判決は、本件建物の設計及び工事監理を担当した一級建築士たる原告の従業員が、工事監理者として建築士法所定の注意義務を怠り、下請負業者をして建築基準法令に従った設計図書どおりの施工をさせるように適切に工事監理しなかったことにより発生したものであり、この工事監理者の義務懈怠は不法行為に該当するとしたうえで、よって、建設業者は工事監理者の使用者

64

として、民法715条に基づき被告の被った損害を賠償する責任があると判示しております。

ちなみに、本件では溶接不良等による瑕疵を直接に作出したのは下請業者でしたが、この下請業者の使用者責任ではなく、工事監理を行った請負業者の従業員（建築士）の工事監理瑕疵を不法行為と認定して、その使用者責任を問うているところが参考になる判例です。

ここで、下請業者が瑕疵を作出したにもかかわらずその元請の責任を問題にするのではなく、従業員に対する使用者責任を問うたのは、従業員と下請とでは民法715条の適用に違いがあり、下請の方が主張立証が難しいことに原因があるのかもしれません。しかし、それだけではなく、建築士の専門家責任を追及しようという時代的背景も忘れてはなりません。その意味では、建築士の専門家責任を問う過程でその元請の責任をも追及した判例といえます。

ところで、本件では、注文者側は不法行為責任（民法715条）、債務不履行責任（民法415条）、瑕疵担保責任（民法634条2項）の選択的主張を行っておりましたが、施工業者側から瑕疵担保責任については除斥期間を経過した旨の主張がされておりました。このようななかで不法行為責任を認めることで、除斥期間の成否には触れずに解決しており、除斥期間の争いを回避するための法的構成として民法715条を主張したことは間違いなく、その意味では、今後は下請のミスについて元請の責任を問う主張方法として、このような主張が認められる可能性もあるといえましょう。

もうひとつ、大阪地判S59.12.26 判タ548-181があげられます。

＜判例紹介＞

・大阪地判S59.12.26 判タ548-181

この事案も、請負業者が設計監理と施工をすべて請負ったもので、従業員の一級建築士の義務違反により建物瑕疵が生じたと認定して、民法715条により請負業者の責任を認めております。

ハ．他方で、元下の請負契約で民法715条を適用している判例の多くは、建設工事の現場で下請の被用者の過失で現場作業人が事故死した場合に、元

3 建築請負契約における瑕疵責任

請にも責任があるかといった形で責任追及された事案ばかりといえます。

しかし、元請に対し使用者責任を問うという場合の主張・立証の仕方については勉強になると思うので、念のため、事故の関係等で使用者責任を認めた判例と、否定した判例を以下に掲げておきます。各自研究されることを望みます。

（肯定）
・最判 S 45. 2. 12　判時591 – 61
・大阪地判 S 56. 3. 30　判タ454 – 132
・東京高判 S 53. 8. 28　判タ372 – 136
（否定）
・大阪地判 S 60. 3. 1　判時1162 – 121

---

❸　商法266条の3（現会社法429条）に基づく損害賠償について

建設会社に資力の乏しい場合に、役員の個人責任追及をする場合が考えられます（大阪地判 H 13. 2. 15　欠陥住宅2 – 16、静岡地判 H 24. 5. 24 判時2157 – 110）。

これは、建設紛争に独特の理論構成ではありませんので、ここではこれ以上に言及することは控えます。

④ 建築士等の瑕疵責任について

　　建築の設計や監理について責任追及する場合、設計契約の不履行とはどのような場合をいうのか、監理契約の不履行とはどのような場合なのか。
　　また、建築物の瑕疵が生じた場合に、契約不履行責任を問うのか、不法行為責任を問うのか、誰に対して、どのような法的理論で行うべきなのか、などを検討してみたいと思います。

1. 設計・工事監理契約について

(1) 設計契約について

❶ 設計とは何か

　　「設計」とは何をすることなのか、を最初に明確にしておかないと、何が設計契約の不履行に該当するのかの議論ができません。

　　そこで、「設計とは何か」について法律に規定がないか、建築士法を手がかりにみてみましょう。同法では、設計とは「その者の責任において設計図書を作成すること」であると定め（建築士法2条⑤）、設計図書とは「建築物の建築工事実施のために必要な図面…及び仕様書をいう」と定めるだけです（同法2条5項）。

　　しかし、これでは、図面や仕様書さえ作成すれば、どのような図面であろうと設計契約の履行がされたことになりかねません。もちろん、どのような場合に設計契約違反となるのかを明記した契約書を取り交わしていればよいのですが、普通はその内容を詳細に定めずに契約しているため、争いが生じております。

　　そこで、もう少し実質的な内容に踏み込んで、「設計とは何か」を明ら

67

④ 建築士等の瑕疵責任について

かにする必要がありそうです。大森文彦先生によれば、設計とは「建築主
の要求に対し、創造性を発揮しつつある一定の解を出すこと」であり、
「建築主の要求」「設計条件の確定」「設計解」の三要素から成り立つもの
であると主張されます（「建築士の法的責任と注意義務」新日本法規5
頁）。確かに的確な答えだと思います。

　判例で設計契約違反を問われた事案を見ても、建築主の要求に基づく設
計条件に合致していないとして設計契約違反を問われたり、設計解が正し
くなくていろいろな不具合や法律違反を生じたとして設計契約違反を問わ
れたりしているからです。

❷　設計契約違反について

　以下で、このような観点から、いくつか判例を紹介してみたいと思いま
す。

＜判例紹介＞

> ・東京地判S50. 4.24　判時796 - 63

　教会堂建築の設計を「愛知県庁の建物にあるような日本式の屋根型にする
よう」依頼され、基本設計図をA案、B案とつくり示したが、教祖の満足が
得られず、さらにC案、D案、E案、そしてF案まで示すが気に入らないま
ま、相当期間が経過したことで、建物の外観さえ決まらないとして、教会が
債務不履行解除した事案で、判決では、教祖の希望に基づき、これに沿った
設計図の作成に協力していたと認め、設計者側には債務不履行はないとして
報酬の一部の支払いを命じております。

　そして、教祖側の行った解除について、判決は民法641条の自己都合解除
と認定しております。

　これは設計図面の完成遅延が債務不履行となるかを判断するにあたり、設
計条件との関係を問題とし、設計解が遅滞したわけではないと判断してお
り、参考になる判例です。

> ・名古屋地判S54. 6.22　判タ397 - 102

　本件は、工務店との間で木造2階建居宅の建築請負契約を締結したとこ
ろ、工務店が鬼門の位置に便所をつくってしまった事案で、判決は設計に瑕

疵があったと認定しております。

　なお、本件は工務店に木造2階建居宅の建築を頼んだケースで、どこまでが設計で、どこからが施工なのか曖昧な事案ですが、判決は設計条件に合致しない設計を工務店がしたとして、工務店の設計責任を認めております。

・東京地判S62.5.18　判時1272-107

　本件は、自社ブランドの婦人服の製造販売会社が被告との間で店舗内装設計契約を締結し、自社製品を見せたうえで希望するデザインのイメージを説明したにもかかわらず、被告の提出してきた店舗内装のデザインが自社の希望するイメージに合わないため、別個のデザイン制作を要求したところ、被告がこれを拒否したので、債務不履行解除したという事案です。

　判決では、イメージのデザイン化というのはデザイナーの感性や創作能力に委ねられるものであるとして、債務の履行をしたと判断し、原告の請求を棄却しています。

　これも設計条件を確定したうえで、本件が設計違反にあたるかを判断しているもので、参考になります。

・東京地判H17.12.19　LLI/DB判例秘書登載

　設計契約にあたり、建築費用額をあらかじめ伝えていたのに、実際の実施設計図面はこの予算枠をはるかに超えるものとなったとして、設計契約を解除し、支払済設計料の返還を求めた事案です。

　判決は、一定の予算枠の中で建築工事を実現しうるような設計を行うことが合意内容となっており、予算枠の合意を遵守すべく、設計変更等を行う義務があったとして解除を認めております。

・東京地判H19.12.26　WLJP

　本件は、原告が温浴施設の設計を被告に依頼したところ、施設内で使用する水をためるタンクの容量が不足していたなどの不具合があるとして、主位的に請負契約の瑕疵、予備的に準委任契約の債務不履行を理由に損害賠償請求した事案です。

④ 建築士等の瑕疵責任について

　判決では、契約締結から施工に至るまでの当事者間のやりとりを詳細に認定したうえで、設計の瑕疵にはあたらないと判示しております。

　これも設計解が正しくなかったのか、設計条件は何だったのかが問われた判例といえます。

・東京地判H20.6.27　WLJP

　本件は、独創性の高い設計を行うことで有名な建築士に設計を依頼したところ、賃貸用の居室に開口部・収納がない、トイレがカーテンで覆われただけ、といった点から、これでは賃貸事業が成立しないと主張して、債務不履行の主張をした事案です。

　判決では、独創的な設計を行う建築士であることを分かってあえて設計依頼したとして、建築士の裁量を優先して、債務不履行にはならないと判示しております。

　設計者の義務（債務）を考えるうえで、参考になる判例といえます。

❸　設計にあたっての一般的注意義務は何か

　設計契約の債務不履行（あるいは瑕疵）にあたるかを判断するには、前述したように、個別事案ごとに「建築主の要求」「設計条件の確定」「設計解」に分析して事実認定して、これを判断することになりましょうが、一般的に建築士が設計を行うにあたって、その準備のために事前に、敷地の境界を確定して設計を行う義務があるのか、地盤の調査をしてそれに見合う設計を行う義務があるのか、といった点が問題とされることがあります。

　以下では、この点に触れた判例を紹介してみようと思います。

＜判例紹介＞

1）敷地の境界確定義務について

・東京地判S50.2.20　判時794-89

　本件は、施主から敷地測量図を受け取り、設計会社が現地を調査確認して、6棟の住宅が建築できるとして設計を行い、建築確認申請も受理され、建築に取りかかったところ、5棟目が完成し6棟目にとりかかろうとしたと

き、本件土地の西側に接する道路の使用権を主張する者から異議が出て、協議するも結論が出ず、改めて境界確認・測量したところ、敷地が50㎡減少する可能性が出てきて、施主は6棟目の建築を中止した事案です。

　設計会社が残設計工事監理料を請求したのに対し、施主からは設計会社が敷地の境界確定の委任事務を尽くしていないとの主張がされましたが、判決は「義務は尽くした」と認めました。

　判決をみると「敷地の境界、範囲について格別争いのない通常の場合においては…被告の主張する点まで厳格に調査確認する義務があるとはいえず、委任者の指示、提出する図面等にもとづき、現実に敷地に当たるなどしてその範囲を実測確定し、高低差を含め、敷地の現状を調査すれば足りる…」と判示しております。このように、一般的には、隣地と敷地の境界の確定は建築主の方の問題であって、建築士は設計にあたり境界確定義務までは負わないと解されております。

　ただ、当事者が設計条件をどのように設定したのかによって、建築士に設計のため境界確定義務まで課していたと認定される場合もあるのではないかとの指摘もされています。その意味では、設計条件が何だったのかを確定させるために、当事者のやりとりが重要になってくるかもしれません。事案ごとに判断が異なることも起こりそうです。なお、この点について、建築士の設計にあたっての説明義務の問題として議論されるべきであるとの指摘もされております。

2）地盤調査義務について

・大阪地判S53.11.2　判時934−81

　本件は、原告が設計依頼した木造建物全体が不同沈下してねじれるように変形したという事案で、判決では、設計者には一級建築士として設計にあたり、現地を十分調査し、敷地上に完全な建物が建築されるように基礎構造を十分検討して設計すべき注意義務があるところ、敷地調査義務を怠ったとして、設計者の責任を認めました。

　判決によれば、たとえば、「本件土地は造成地であり切土と盛土の硬軟両質の地盤で構成されていたことを認識していたから…不同沈下…を容易に予見できた…から、設計にあたり、敷地調査義務を十分尽くさなかった過失がある」と認定しておりますので、参考にしてください。

4　建築士等の瑕疵責任について

・大阪地判Ｓ62．2．18　判時1323－68

　本件は、鉄骨造4階建建物（2棟）の設計・施工についての建築工事請負契約を締結し、引渡しを受けたところ、同建物は構造上の欠陥（基礎構造不良を含む）を有し、これにより「不等沈下を生じて」同建物が傾斜したという事案です。

　判決では、敷地の地盤調査を怠り、誤った地耐力を設定して不等沈下を生じさせたとして、被告設計者の責任を認めております。そして、控訴審においても、上記義務違反は肯定されました（大阪高判Ｈ元．2.17　判時1323－68）。

＜コメント＞

　地盤調査については、建築主が自ら費用を支払って行うべきことなので、建築士が設計にあたり地盤調査する義務までは負わない、と一般的に解されています。

　ただ基礎の設計にあたっては地盤に適合したものでなければならず、その限りでは地盤の状態を確認して設計する必要はあります。上記判例はこれがされていないとして、一種の結果責任を問うような議論をしていると言えそうです。

　このような議論の仕方を批判して、むしろ設計する際に地盤状態確認のため地盤調査までするかは、設計者と建築主との協議にまかせられることになるのだから、その協議にあたって、設計者が適切な助言をしたか否かが問われるべきであるとして、この点を設計にあたっての説明義務違反の問題として議論しようとする見解があります。

　いずれにせよ設計者に義務違反があるとした場合、生じたはずの地盤調査費用相当額を損益相殺するのか否かという問題が発生します。この点をどのように解決するのか。今後の判例に注目したいと思います。

　ところで、設計者と建築主との協議の過程で、地盤調査することが設計条件になっていたと認定されれば、当然に設計義務違反となります。そして、設計条件になっていれば地盤調査費用が発生するので、当然に、その費用を含む設計料を設計者は建築主からもらっていたと解されることになります。

　この点について参考とされるべき判例を紹介します。大阪地判Ｓ53.11.

72

4 建築士等の瑕疵責任について

2 判時934-81は、被告が地盤調査費用をもらっていない旨を主張しましたが、判決はこれは理由にならないと一蹴しました。

❹ 設計契約の当事者は建築士であるとは限らない

　建築士法によれば、設計契約は「建築士事務所の開設者」との間で締結すると定められています（建築士法23条の10、23条の３第１項）。そして、「建築士事務所の開設者」というのは、建築士事務所としての登録をした法人あるいは個人のことを指し、必ずしも建築士でなくてもよいとされています。したがって、設計契約の相手方が建築士の資格を有していないこともあり得るわけです。

　他方で、建築士でなければ、実際に設計図を作成したり、工事監理を行うことはできません。したがって、実際の設計は、契約をした建築士事務所の「建築士」が行うか、または再委託先の建築士事務所に所属する「建築士」が行わねばなりません。

　このように設計・工事監理契約の当事者と実際の設計・工事監理を行う者とは異なることがありますので、この点について誤解のないようにしてください。

　このことが、設計の不履行や設計の瑕疵があった場合に、誰に対し責任を問うべきかの判断や、その法的構成をどうするか等を複雑にしてしまい、また、判例を読むときの難解さの原因となっているように思えます。

❺ 設計契約の法的性格について

イ．請負契約か準委任契約か

　設計契約の法的性質について、学説・判例上、それは請負契約なのか準委任契約なのかといった議論がされています。この議論は有益な議論なのでしょうか。

　まず最初に、請負と委任との違いを見てみましょう。請負契約とは、「当事者の一方がある仕事を完成することを約し、相手方がその仕事の結果に対してその報酬を支払うことを約する…」（民法632条）との契約形態です。これに対し、準委任契約は、「当事者の一方が法律行為でない事務を相手方に委託し、相手方がこれを承諾する…」（民法643条、656条）といった契約形態だとされます。

　両説ともに他人の労務の提供を目的とし、かつ、労務には裁量性を認め

73

④ 建築士等の瑕疵責任について

るものでありますが、請負は仕事を完成させて引き渡しこれに対し報酬を支払うのに対し、準委任は目的に従って合理的に処理すれば足りるとして、両者は区別されます。

そして、設計契約についての請負契約説からは、建築士法が設計について設計図書の作成を掲げている点を重視し、設計契約の内容として設計図書の「完成」というものが当然に予定されていると主張します。しかも、でき上がった設計図書に対して報酬を支払うというのが取引社会の実態であることも指摘して、請負契約説が正しいと主張しております。

これに対し準委任契約説は、設計にあたっては善管注意義務と並んで説明義務を重要義務と考えるべきであり、専門家である建築士が設計にあたり専門的知識に欠ける施主に対し十分な説明をして、施主との協働作業により設計図書を完成するものであるから、本質は事務の委託といえるので、準委任契約と解されるべきであると主張しております。

ロ．両説の法的効果の違い

両説の法的効果の違いは、以下の点に現れます。

請負説によれば、無過失責任として瑕疵担保責任（民法634条、635条）を負い、責任存続期間は目的物の引渡しから1年となり（民法637条1項）、契約解除は民法635条、637条1項、641条に基づくことになります。

委任（準委任）説では、過失責任を前提に債務不履行責任を負い、責任存続期間は債務不履行責任のため10年（商行為は5年）で、契約解除は原則としていつでもできることになります（民法651条1項）。

両説の一番の違いは、設計契約の不履行や瑕疵があった場合、それが発覚するのは数年を経てからのことが多いため、請負契約説では引渡しから1年で責任を問えなくなってしまう点にあると指摘されています。ただ、請負説によっても、この点は設計の瑕疵に起因する建築物の瑕疵を設計者の瑕疵担保責任としてではなく、積極的債権侵害に基づく債務不履行責任であるとして、損害賠償請求権は設計図書の引渡しから10年の時効（商法522条適用の場合は5年）にかかるといった主張もされておりますので、この点が両説の決定的な違いとまではいえないかもしれません。

このように考えると、どちらの説によるも、実際の法的効果に違いはないといえそうです。だとすると、あとは事案ごとに説明しやすい説が判例で採用されているだけと考えることもできそうです。

ハ．判例の考え方

74

4 建築士等の瑕疵責任について

　そう考えると、判例が請負契約説と準委任契約説が拮抗しているのも分かる気がします。以下はいずれも設計者からの報酬請求の事案ですが、両説の立場から報酬請求権の存否が議論された判例です。

　まず、準委任契約説に立つ判例としては、京都地判Ｈ５.９.27 判タ865－220や京都地判Ｈ６.10.31 判タ879－241などがあるといわれます。しかし、前者は居住建物の増改築計画と設計が依頼され基本設計までしたが、設計料を支払わない事案で、後者はホテルの建築企画・設計を依頼され、設計案を２回提出したが採用されず、これら設計はいずれもサービスでされたものであると争われた事案で、いずれも準委任契約説に立って、商法512条により報酬請求権が存在すると認めた判例です。請負契約なのか準委任契約なのかが争われた事案ではありません。

　また、請負説に立つ判例としては、たとえば東京高判Ｓ58.12.20 判タ523－160や東京地判Ｈ13.１.31 判タ1071－190があると紹介されます。いずれの判例も、請求者側で設計契約の法的性質を請負契約と構成して主張し、裁判所がこれを前提にして報酬請求を認めているというもので、これまた準委任契約なのか否かといった、設計の法的性質が正面から争われた事案ではありません。

　結局、両説の主張が判例の中に混在している理由は、個々の事案ごとに請負契約と構成した方が無理がないか、準委任契約として構成した方が説明しやすくなるか、といった違いのように思えます。だから、東京地判Ｓ52.１.28　無体集９巻１号29頁のように、設計契約を請負と委任（準委任）の性質を併有するものと解し、両説を区分せずに議論する判例も出てきているのではないでしょうか。だとすると、いまのところあまり有益な議論をしてきたとはいえないかもしれません。

二．結論

　とはいえ、前述した境界確定義務、地盤調査義務を含めて、設計の不履行（瑕疵）を事案ごとに分析していくには、当事者のやりとりだけではなく、建築士の説明義務（説明不足）を加味して検討する必要があり、その点で準委任契約説の方が有用な法的構成といえるかもしれません。

　もちろん、これらを設計にあたっての一般的な債務内容となるのかと問題設定することも可能ではありますが、むしろ当事者のやりとりの過程を取り上げて、それを説明義務の問題として位置づけた方が簡明な気がします。その意味では準委任契約説の方が実態を反映した考え方といえるよう

75

4 建築士等の瑕疵責任について

に思います。

　ところで、請負契約説に立っても当事者のやりとりを「注文者の指図」の問題として取り込んで議論している判決があります。すなわち、設計施工の請負契約で設計に問題があった事案について、設計を請負契約と認定して注文者の指図にあたるかを議論し、指図にあたらないと判断した判例がありますので紹介します（なお、この判例なども、私は説明義務違反で構成した方が簡明な気がしております）。

＜判例紹介＞

　・東京地判 S 30.10.28　下級審判例集 6 - 10 - 2275

請負説に立つも、注文者の指図とはならないとした判例です。

(2)　工事監理契約について
❶　工事監理とは何か
　まず、工事監理とは何なのか、工事監理の概念を明らかにするため、建築士法を参照してみたいと思います。
イ．建築士法の規程では
　この法律で『工事監理』とは、「その者の責任において、工事を設計図書と照合し、それが設計図書の通りに実施されているかいないかを確認することをいう」と定められております（建築士法 2 条 7 項）。
　したがって、工事監理というのは、①工事を設計図書と照合する、②工事が設計図書のとおりに実施されているかを確認する、といった 2 つの作業を行うことだといえます。
　ここで問題となるのは、どの程度「照合」「確認」すれば足るのかという点です。国土交通省の告示によれば「工事施工者の行う工事が設計図書の内容に適合しているかについて、設計図書に定めのある方法による確認のほか、目視による確認、抽出による確認、工事施工者から提出される品質管理記録の確認等、確認対象工事に応じた合理的方法により確認を行う」とのことです（平成 21 年 1 月 7 日付け国土交通省告示第 15 号）。
　つまり、隅から隅まですべて行うのではなく、合理的方法で「照合」「確認」すれば足るということになります。
ロ．建築基準法上の解釈を加えると

つぎに、建築基準法5条の4第4項、5項によれば、一定の規模の建築物の工事をするには建築士である工事監理者を定めねばならず、建築士法3条以下で工事監理は一級、二級、木造の各建築士によらねばならない旨を定めています。そして、建築士法は工事監理を行うにあたっての建築士としての業務内容を定めていますので、建築士が行う工事監理にあっては、以下に記載された業務内容も工事監理の内容となります。

　それは以下の2つの業務です。

　工事監理を行う建築士は「…工事が設計図書のとおりに実施されていないと認めるときは、直ちに、工事施工者に対して、その旨を指摘し、当該工事を設計図書のとおりに実施するよう求め、当該工事施工者がこれに従わないときは、その旨を建築主に報告しなければならない」(建築士法18条3項)。

　建築士は「工事監理を終了したときは、直ちに国土交通省令で定めるところにより、その結果を文書で建築主に報告しなければならない」(建築士法20条3項)。

ハ．結論

　以上から明らかなように、建築士法及び建築基準法の定めによれば、工事監理者は設計図書と「照合」「確認」を行い、設計図書通り行われていなければ工事業者にこれを指摘し、それでもダメなら建築主に報告する。そして、工事監理終了後は直ちに建築主に報告しなければならない義務があるということになります。

ニ．重点監理と常駐監理

　工事監理の方法をどうするかは、工事監理契約で定めたところによりますが、一般的に工事監理の方法としては、常駐監理と重点監理の2つの方法があると指摘されます。なお、常駐監理は工事監理者が現場に常駐するもので官公庁や大規模工事に多く、重点監理は現場に常駐しないもので、もう少し小規模な民間工事に多く見られるようです。

　また、重点監理と一言でいっても、その重点を何処に置かねばならないのかについては議論の分かれる場合もあります。

＜判例紹介＞

・福岡高判S61.10.1　判タ638－183

4 建築士等の瑕疵責任について

　判決は、工事現場に常駐していないことから、当該瑕疵部分は容易に発見することが困難な工事部分だと判示し、工事監理者たる建築士の責任を否定しております。重点監理とは何かを考える場合に、参考になると思います。

❷　平成21年1月7日国土交通省告示第15号について
　　この告示は、建築士法25条の規定に基づき、建築士事務所の開設者がその業務に関して請求できる報酬の基準を定めたものですが、この告示の中で「工事監理に関する標準業務」や「その他の標準業務」の内容が列記されているため、当然に工事監理者はこれらすべての業務を行うべき義務があるのではないかといった問題が生じてきます（なお、昭和54年建設省告示第1206号は、この告示の公布に伴い廃止された）。
　　たとえば、つぎのような標準業務が列記されております。

工事監理に関する標準業務	その他の標準業務
(1)　工事監理方針の説明等 　(ⅰ)　工事監理方針の説明 　(ⅱ)　工事監視方法変更の場合の協議 (2)　設計図書の内容の把握等 　(ⅰ)　設計図書の内容の把握 　(ⅱ)　質疑書の検討 (3)　設計図書に照らした施工図等の検討及び報告 　(ⅰ)　施工図等の検討及び報告 　(ⅱ)　工事材料、設備機器等の検討及び報告 (4)　工事と設計図書との照合及び確認 (5)　工事と設計図書との照合及び確認の結果報告等 (6)　工事監理報告書等の提出	(1)　請負代金内訳書の検討及び報告 (2)　工程表の検討及び報告 (3)　設計図書に定めのある施工計画の検討及び報告 (4)　工事と工事請負契約との照合、確認、報告等 　(ⅰ)　工事と工事請負契約との照合、確認、報告 　(ⅱ)　工事請負契約に定められた指示、検査等 　(ⅲ)　工事が設計図書の内容に適合しない疑いがある場合の破壊検査 (5)　工事請負契約の目的物の引渡しの立会い (6)　関係機関の検査の立会い等 (7)　工事費支払いの審査 　(ⅰ)　工事期間中の工事費支払い請求の審査 　(ⅱ)　最終支払い請求の審査

　　しかし、これら告示に定めた業務は、あくまでも業務報酬の算定にあたり用いられるべきものとして、そのための業務内容を列記したものに過ぎ

4 建築士等の瑕疵責任について

ず、工事監理者が必ずこれら業務を行わなければならないものと画一的に判断されるべきものではないと解されています。

結局、建築士法で定めた工事監理業務というのは、工事監理者が履行すべき義務を定めていると解されますが、その他の告示で示された業務については、具体的に締結した契約内容によって義務内容が定まります。

たとえば、「工事監理に関する標準業務」で定める項目のうち、(1) 工事監理方針の説明等、(2) 設計図書の内容の把握等のうち(i) 設計図書の内容の把握、(4) 工事と設計図書との照合及び確認、(5) 工事と設計図書との照合及び確認の結果報告等、(6) 工事監理報告書等の提出については、通常であればいずれも工事監理業務に含まれると解されますが、(2) 設計図書の内容の把握等(ii) 質疑書の検討とか(3) 設計図書に照らした施工図等の検討および報告については、当事者が締結した工事監理契約の内容は何なのかを確定する作業が必要となると思います。

工事監理契約書としては、たとえば、(公社) 日本建築士会連合会、(一社) 日本建築士事務所協会連合会、(公社) 日本建築家協会、(一社) 日本建設業連合会の四会による四会連合協定の建築設計・監理業務等委託契約約款が平成11年に制定されております。そして、平成21年に前記告示15号の制定に伴い改正されています。

このように、当事者間で工事監理契約が締結されていれば、そこに定められた内容の債務を負うことになります。

❸ 準委任契約

工事監理の法的性質については、準委任契約で争いはないようです。

工事監理者は、契約の本旨に従った善良な管理者としての注意義務を負い（民法644条）、請求があれば事務処理の状況の報告義務を負い、終了後は遅滞なくその経過および結果の報告義務を負います（民法645条）。

そして、準委任契約だとすると、責任期間が10年（商行為で5年）になります。しかし、施工業者の責任が民間（旧四会）連合協定工事請負契約約款で、原則として引渡しのときから2年で瑕疵担保責任を問えなくなることと比べて工事監理者の責任期間が長すぎるため、衡平を害しないかとの議論があります。

＜判例紹介＞

79

④　建築士等の瑕疵責任について

・東京地判Ｈ4.12.21　判タ882−38

　この事案では、建設会社との間の工事請負契約で瑕疵担保責任の存続期間を２年と定めていたが、設計事務所との工事監理業務契約では特段の定めがないため、監理責任の存続期間は民法上の10年（あるいは商法上の５年）と解釈され、両者の均衡を失しないかが争われました。

　判決は、建設会社の責任が消滅していることを認定し、監理責任についても時効により消滅したと判示しました。

2．設計・工事監理の契約者の役割と建築士の役割について

(1)　設計・監理の業務主体について

　建築士法は、建築士自ら、あるいは建築士を使用する者が他人の求めに応じ報酬を得て、業として設計、工事監理を行おうとするときは、一級建築士事務所、二級建築士事務所、または木造建築士事務所について都道府県知事の登録を受けねばならないと定めています（建築士法23条）。つまり、設計契約を締結するものは建築士である必要がありません。これは工事監理契約の締結の場合も同様です。

　そして、建築士事務所の開設者は建築士事務所ごとにそれぞれ当該事務所を管理する専任の建築士を置かねばならない（同法24条）と定めるとともに、設計、工事監理については、その建物規模に応じて一級建築士、二級建築士、木造建築士など、そのほとんどの建物につき、建築士でなければできないと定めています（同法３条以下）。

　つまり、建築士法は、設計や工事監理の契約主体と、実際に設計や工事監理を行う人とが異なることを前提にして規定していることになります。だとすると、法律は設計・工事監理について、専門家の役割、業務、責任をどのように考えているのでしょうか。

　以下で、建築士法が定める建築士事務所の業務、建築士の業務、管理建築士の業務について、みておきたいと思います。

(2)　建築士事務所（開設者）の業務

　そこで、建築士事務所の業務を以下でまとめてみたいと思います。

4 　建築士等の瑕疵責任について

❶　建築士事務所の開設者は、建築士事務所ごとに当該事務所を管理する専任の建築士（管理建築士）を置かねばならないと定められています（建築士法24条1項）。

❷　開設者は、設計契約または工事監理契約を締結するときは、当該建築主に対し、管理建築士その他の当該建築士事務所に属する建築士をして、イ〜ロの各契約の内容等について、あらかじめ書面を交付して説明をさせる義務を負うと定められています（建築士法第24条の7第1項）。

イ．設計受託契約にあっては、作成する設計図書の種類
ロ．工事監理受託契約にあっては、工事と設計図書との照合の方法および工事監理の実施の状況に関する報告の方法
ハ．当該設計または工事監理に従事することとなる建築士の氏名および建築士の種類（一級、二級、木造）、また、構造設計一級建築士または設備設計一級建築士である場合にあっては、その旨
ニ．報酬の額および支払いの時期
ホ．契約の解除に関する事項
ヘ．前各号に掲げるもののほか、次の1）〜6）
　　1）建築士事務所の名称および所在地
　　2）建築士事務所の開設者の氏名（当該建築士事務所の開設者が法人である場合にあっては、当該開設者の名称およびその代表者の氏名）
　　3）設計受託契約または工事監理受託契約の対象となる建築物の概要
　　4）業務に従事することとなる建築士の登録番号
　　5）業務に従事することとなる建築設備士がいる場合にあっては、その氏名
　　6）設計または工事監理の一部を委託する場合にあっては、当該委託に係る設計または工事監理の概要ならびに受託者の氏名または名称および当該受託者に係る建築士事務所の名称および所在地

❸　建築士事務所の開設者は、設計委託契約または工事監理契約を締結したときは、遅滞なく建築士法24条の8記載の書面を建築主に交付しなければならない（建築士法24条の8）と定め、多くは❷と重複するも、設計または工事監理の種類および内容、実施の期間および方法を記載した文書の交付が義務づけられています。

81

④ 建築士等の瑕疵責任について

❹ 建築士事務所の開設者は、自己の名義をもって、他人に建築士事務所の業務を営ませてはならないと定められています（建築士法24条の2）。

❺ 建築士事務所の開設者は、委託者の許諾を得た場合においても、委託を受けた設計または工事監理の業務を建築士事務所の開設者以外の者に委託してはならない（建築士法24条の3）と定めて、再委託を制限しています。

(3) 建築士の業務

建築士個人にも、以下のような義務が課せられています。

❶ 設計にあたっての義務

イ．建築士は、設計を行う場合においては、設計に係る建築物が法令または条例の定める建築物に関する基準に適合するようにしなければならない（建築士法18条1項）。

ロ．建築士は、設計を行う場合においては、設計の委託者に対し、設計の内容に関して適切な説明を行うように努めなければならない（建築士法18条2項）。

ハ．建築士は、他の建築士の設計した設計図書の一部を変更しようとするときは、当該建築士の承諾を求めなければならない。ただし、承諾を求めることのできない事由があるとき、または承諾が得られなかったときは、自己の責任において、その設計図書の一部を変更することができる（建築士法19条）。

ニ．建築士は、設計を行った場合や設計図書の一部を変更した場合、その設計図書に建築士である旨の表示をして記名および押印をしなければならない（建築士法20条1項）。

ホ．一定の建築物の構造設計や設備設計について、構造設計一級建築士や設備設計一級建築士は、構造関係規定や設備関係規定への適合性について確認しなければならない（建築士法20条の2、20条の3）。なお、構造については、上記建築物以外の建築物について構造計算によって建築物の安全性を確かめた場合においては、遅滞なく、その旨の証明書を設計の委託者に交付しなければならない（建築士法20条2項）。

❷ 工事監理にあたっての義務

④ 建築士等の瑕疵責任について

イ．建築士は、工事監理を行う場合において、工事が設計図書のとおりに実施されていないと認めるときは、直ちに、工事施工者に対して、その旨を指摘し、当該工事を設計図書のとおりに実施するよう求め、当該工事施工者がこれに従わないときは、その旨を建築主に報告しなければならない（建築士法18条3項）。

ロ．建築士は、工事監理を終了したときは、直ちに、その結果を文書で建築主に報告しなければならない（建築士法20条3項）。

❸ 全般についての義務

イ．建築士は、大規模の建築物その他の建築物の建築設備に係る設計または工事監理を行う場合において、法定の建築設備士の意見を聴いたときは、設計図書または建築主への報告書において、その旨を明らかにしなければならない（建築士法20条5項）。

ロ．建築士は、自分の名義を利用させてはならない（建築士法21条の2）。

ハ．建築士は、建築基準法令等の規定に違反する行為について指示をし、相談に応じ、その他これらに類する行為をしてはならない（建築士法21条の3）。

ニ．建築士は、建築士の信用または品位を害するような行為をしてはならない（建築士法21条の4）。

ホ．建築士は、設計及び工事監理に必要な知識及び技能の維持向上に努めなければならない（建築士法22条1項）。そして、一定期間ごとに所定の定期講習を受けなければならない（建築士法22条の2）。

(4) 管理建築士の業務

❶ 建築士事務所の開設者は、建築士事務所ごとに当該事務所を管理する専任の建築士（管理建築士）を置かねばならない（建築士法24条1項）。

❷ 管理建築士は、建築士事務所の業務に係る技術的事項を統括し、その者と建築士事務所の開設者が異なる場合は、開設者に対し、技術的観点から業務が円滑かつ適正に行われるよう必要な意見を述べる義務を負う（建築士法24条3項）。

❸ 管理建築士等は、重要事項の説明をするときは、当該建築主に対して、

83

④ 建築士等の瑕疵責任について

建築士の免許証、又は免許証明書を提示する義務がある（建築士法第24条
の7第2項）。

3．設計・工事監理に瑕疵、不履行があった場合の責任の所在について

(1) 取引実態について

　住宅を取得する消費者の側からみたとき、建築される住宅について、建築
士や建築士事務所がどのようなかかわり方をしているのか、その取引実態を
見てみたいと思います。

　たとえば、消費者が自ら施主となって、建築士事務所に設計や工事監理を
直接依頼し、その設計図書をもとに建設業者に建築の依頼をした場合の典型
例を見てみましょう。この場合でも、建築士事務所の開設者との間で直接に
設計・工事監理契約が締結され、開設者が建築士で自ら設計や工事監理に携
わる場合と、開設者は建築士ではなく建築士を従業員として雇っていてこの
建築士に設計や工事監理をさせる場合の、2つの取引実態が想定されます。
瑕疵責任を誰に追及したらよいかについても、この取引実態に即して考える
ことになります。

　もうひとつの例として、消費者が建設業者やハウスメーカーから示された
いくつかのバリエーションの中から選択した住宅につき、直接、住宅の請負
契約を締結する場合があります。この場合は、建築士事務所と消費者との間
には直接の設計・工事監理契約は締結されないことが多く、建築士事務所は
建設業者やハウスメーカーの下請のような立場で設計等を行っています（た
だし、建築確認は形式上、消費者の代理人として行う）。

　つぎに、消費者が建売で住宅を購入した場合はどうでしょうか。この場合
に、住宅の建築主は建売業者ということになり、消費者ではありません。し
かも、この建売業者が設計や工事監理を建築士事務所に依頼しているケース
と、この建売業者は施工業者に設計・施工・工事監理をすべて依頼してい
て、建築士事務所はこの建売業者から建築確認の手続きのみを行っている
ケースなど、さまざまです。

　その他にも、建売住宅の場合、マンション建設販売の場合など、いろいろ
な形で建築士や建築士事務所がかかわってきますので、その取引実態を把握
したうえで、その取引実態に即した法律構成を考える必要があります。つま

4　建築士等の瑕疵責任について

り、誰と誰の間に契約関係があるのか、建築士や建築士事務所の不手際や不注意により発生した瑕疵は誰の責任であり、それは契約責任なのか不法行為責任なのかなどを検討する必要があります。

(2)　建築士事務所の法的責任を問う場合
❶　建築士事務所との契約責任の追及
　　消費者が施主として、建築士事務所と直接、設計や工事監理契約を締結していれば、その契約責任を問うことになります。
　　開設者が建築士で、自ら設計や工事監理をしていれば、契約責任をストレートに法的構成することができます。
　　しかし、開設者が建築士でなく、建築士の従業員が設計や工事監理をしている場合には、この従業員たる建築士を開設者の履行補助者と位置づけて法的構成して、開設者の責任を問うこともできます。あるいは、従業員たる建築士としての業務義務違反を直接に問うことも可能です（ただし、この場合は直接の契約関係がないので、不法行為責任となります）。それぞれの場合に応じて、法的構成を検討していく必要があります。
　　ここでは、下請の構造設計事務所のミスについて、元請の建築士事務所に契約責任を認めたケース、不法行為責任を否定したケース、不法行為責任を認めたケースを紹介してみたいと思います。

＜判例紹介＞

・札幌地判H21.10.29　判時2064-83

　判決では、マンションの設計監理を依頼された一級建築士事務所が、下請として使った構造の建築士事務所による耐震基準を満たさない構造計算書を用いて、耐震基準を満たさない設計図書をマンションの販売業者（デベロッパー）に交付したのは、履行補助者によるもので債務不履行責任を負うと判示して、総額5億円の賠償責任を認めました。

＜判例紹介＞
　つぎに、マンションの設計全体を統括する建築士事務所が構造設計について下請の建築士事務所を使った場合に、構造計算書の偽装についてマンションの購入者に対し不法行為責任を負うべきかについて判断の分かれた判例が

85

④　建築士等の瑕疵責任について

あります（一審と二審で異なった判断をしている）ので、紹介しておきます。

・一審　東京地判H23.3.30　判時2126-73

　判決では、元請の建築士事務所が本件マンションの設計全体を統括する者であったことを前提としても、設計図書中に構造計算書の偽装を疑わせる明らかな徴表があったとはいえない場合には、構造計算書の偽装を発見すべき注意義務を負わないとして不法行為責任を否定し、商法266条の3第1項に基づく請求も重過失がないとして、請求棄却しております。

・控訴審　東京高判H24.2.28　判時2167-36

　上記一審判決を不服として原告らが控訴したところ、控訴審は以下のように判示して、マンションの設計全体を統括する建築士事務所は、完成後の居住者との関係において、安全性の確保に注意すべき義務があるところ、これを怠ったとして、民法709条による不法行為責任を負うと判断した。

　「このように、SSAは、ヒューザーから、構造設計を含む本件建物の設計業務すべてのほか、本件建物の工事監理業務をも委託され、実際にも、本件建物の設計業務はもとより、工事監理業務全般も担当していたことが認められるのであって、被控訴人丙川は、SSAの代表取締役というだけではなく、一級建築士丙川竹夫として、各種設計図面（甲七の各図面）に設計者として記載され、また、本件建物に関する建築確認申請等の対外的な手続においても、本件建物の設計者及び工事監理者として記載されていたのであって、本件建物の設計及び工事監理について責任を負うべき立場にあることを対外的にも表明することを了解していたものであるから、委託者であるヒューザーに対してのみならず、完成後に本件建物に居住することとなる者との関係においても、その設計及び施工の過程で知り得た諸事情を前提に、本件建物が地震その他の震動や衝撃を受けても損壊して崩壊することのないように、その安全性の確保に注意を払うべき義務があるというべきである（平成19年7月最判参照）。」

　「建物の建築に携わる設計者は、直接の契約関係にない建物利用者との関係においても、建築しようとする建物が建物としての基本的な安全性に欠け

ることがないよう配慮すべき注意義務を負っているものと考えられるところ、被控訴人丙川は、本件建物の設計業務だけではなく、工事監理業務まで、その全部を請け負ったSSAの代表者であるとともに、一級建築士として、本件建物の設計業務及び工事監理業務のすべてを統括して監督する立場にあって、本件建物の意匠設計を担当し、かつ、本件建物の建築確認申請書に添付された本件構造計算書の作成者として記名押印していた上、本件建物の施工についても監理者となっていて、本件建物の施工全体について、いつでも必要な情報を収集したり、それぞれの施工担当者に対して質問したり、疑問点などを確認したりすることができる立場にあったのである。しかも、上記のとおり、建築主であるヒューザーの意向に沿いながらではあるものの、実際に、被控訴人丙川の部下であるSSAの各担当者が、構造設計について被控訴人戊田やイーホームズと連絡を取り合い、被控訴人戊田に対して追加や修正を指示していたことが認められるほか、設計者及び工事監理者として、本件建物の着工から竣工に至るまでの施工全体について、いつでも木村建設から必要な情報を得ることができ、何か疑問や問題があれば、それぞれの担当者に対して質問したり、確認したりすることが可能な状態であったと認められる。

　そうであれば、被控訴人丙川は、一級建築士の資格を有する本件建物の設計者及び工事監理者として、本件建物の基本設計、実施設計、建築確認、施工準備、施工、竣工のすべての段階において、通常の一級建築士であれば当然に備えているべき能力や知識や技術や経験等を前提として、上記各段階までに得られた情報を総合的に勘案した上、本件建物の安全性に問題はないかどうかを常に確認する義務があったというべきである。もっとも、そのような本件建物の安全性確保のためになされるべき確認義務の具体的な内容と範囲は、上記の各段階において得られている情報の量と質とが異なるから、それぞれの段階に応じて異なるのは当然のことである。したがって、仮に、基本設計や実施設計の段階で、これらの図面を検討しただけでは建物の安全性に疑問を抱くことがなかったとしても、さらに進んで施工を前提として工事内容等を具体的に検討する段階になれば、本件建物の設計者であり、工事監理者でもある被控訴人丙川の下には、当該建物の駆体工事のために使用される具体的な鉄筋量やコンクリート量等の情報も提供されていたはずであるから、同人は、そのような情報をも総合的に勘案して、建物の安全性に問題はないかどうかを確認すべきなのであって、いずれかの段階で本件建物の安全

4　建築士等の瑕疵責任について

性に疑問を生じさせるような情報があったときには、そのような情報の内容
や意味等について、それぞれの担当者等に適宜質問や確認をするなどして、
常に本件建物の安全性を確保すべき義務があったというべきである。」

❷　建築士事務所への不法行為責任の追及
　消費者が建売住宅を購入した場合など、消費者が建築士事務所と直接の契
約関係にない場合には、不法行為責任を追及していくことになります。
　以下で、いくつか典型的な判例を紹介したいと思います。

＜判例紹介＞

・名古屋地判Ｓ48.10.23　判タ302－179

　本件は、施主が建設会社と建築請負契約を締結し、完成引渡を受けたが、
建物に瑕疵があり、その責任を追及したところ、当該建設会社は倒産してし
まった。そこで、建築確認申請手続だけを行った建築士事務所とその代表者
の一級建築士を相手どって損害賠償訴訟を提起した事案です。
　原告である施主は、この建築士事務所と直接に設計監理契約を締結したと
主張しました。これに対し、裁判所はこの主張を認め、施工会社を代理人と
して施主との間で設計監理契約が締結されていたと認定し、その債務不履行
責任を肯定しております。
　この裁判所の事実認定の仕方には、少し無理があるようにも思えますが、
設計監理した建築士事務所の責任を問うべきとの結論を導くためには、この
時代としてはやむを得ない判断の仕方だったのかもしれません。しかし、現
在ならこれほど難しい構成をせず、単に名義貸責任として処理された事案で
しょう。
　この時代は、建築士の専門家責任といった考えが強くないため、不法行為
責任ではなく契約責任を問うしかなかったため、無理な事実認定をしたので
はなかったかと思います。

・大阪地判Ｓ62.2.18　判タ646－165　判時1323－68

　本件は、施主が建設会社との間で、文書で設計・施工・工事監理の契約を
締結し、この建設会社の下請として建築士事務所に建築確認申請手続の代理

88

や設計図の作成をさせていた事案で、前の事案と少し事実関係が異なります。

　また、この事案のポイントは、地盤に合致した基礎を設置せねばならないところ、ボーリング調査を行わず、この敷地付近の地耐力を市の建築指導課に照会し、1㎡あたり5tと見積もれば、市は構造審査基準に合致する旨の回答を得て、ベタ基礎で設計し設置したというもので、結果として、「不等沈下が生じた」ために、基礎の設計自体が瑕疵と認定された点にあります。基礎の設計にあたっての地質調査義務との関係でも参考となる判例といえます。

　つぎに、この判決の法的構成について注意すべき点を指摘しておきます。下請として基礎を設計した建築士事務所の責任について、判決では契約関係にないので契約責任は問えないが、一級建築士個人として法令等に定める基準に適合させねばならない義務があるのにこれを怠ったとして、一級建築士に民法709条の責任を認め、建築士事務所には民法44条の責任を認めているという点です。

　これも、この時代を反映している法的構成といえるもので、大変に面白味のある判例です。

＜判例紹介＞

　・大阪高判H13.11.7　判タ1104−216

　上の2つは請負契約に関する判例ですが、この事案は売買契約によるもので、建売住宅を購入した者が建売住宅に瑕疵があるとして、売主には契約責任を、そして、この建物の施工業者や建築士に対し不法行為責任を追及した事案です。

　一審では契約関係にないため施工業者らの責任は否定された（大阪地判H12.9.27 判タ1053−137）のに対し、控訴審は、建築基準法1条を根拠に、建築する者は建築基準法に従って建築し他人の生命、健康及び財産を侵害しないようにしなければならないのであるから、これに違反して損害を被らせたとして、709条の責任を認めました。

　この控訴審判決は、時代的にみても、後の最高裁の名義貸しとの判例や基本的安全性に関する判例のさきがけとなる画期的な判例といえるもので、そろそろ専門家責任を裁判所が意識し始めた時代ではないでしょうか。

④ 建築士等の瑕疵責任について

(3) その他の建築士の責任

その他の建築士の責任についても、①役員たる建築士、②社員たる建築士、③下請たる建築士、④管理建築士のそれぞれに応じて法的構成を工夫して責任追及する必要があります。

4．施工業者との責任関係

(1) 設計の瑕疵と施工業者の免責の関係

設計に瑕疵があったために建物に瑕疵が生じたといった事案で、それは建築士の責任であって、そのとおりに施工した施工業者には責任はない、との施工業者の弁解がされることがあります。しかし、建物に瑕疵があれば、瑕疵担保責任は無過失責任ですから、当然に施工業者も瑕疵について責任を負うことになると解されておりますので、ご注意下さい。

しかし、注文者が建築士に設計を委託し、この設計図書に従って施工するよう指示した場合には、瑕疵が注文者の指図によって生じたものであるとして、民法636条1項による免責を主張したケースがあります。主張の仕方が参考になると思いますので、ご紹介します。

＜判例紹介＞

・京都地判H4.12.4　判タ809-167

素人の注文者に専門家の行った設計の不備の責任まで負わせることはできないとして、民法418条の過失相殺の規定を準用し、5割の損害を認めた判決です。

(2) 工事監理上の過失と施工業者の免責の関係

工事監理が適切に行われていれば瑕疵ある建物が建たなかったはずなので、施工業者側に責任はないとの主張が、施工業者からされることがあります

この場合も建物に瑕疵があれば、瑕疵担保責任は無過失責任ゆえ、施工業者にも責任があると解されます。ご注意ください。

④　建築士等の瑕疵責任について

⑶　責任関係
　設計・工事監理の責任と施工業者の責任とは、不真正連帯の関係と解されます。

⑤ 建物の売買契約における瑕疵責任

　消費者が新築の自宅を取得する形態にもさまざまな態様があります。たとえば、建売住宅の場合にも、住宅を取得する消費者の立場からみると、自宅を建ててもらったつもりで建売住宅を購入していることがあります。この場合は、請負契約なのか売買契約なのかについて、疑問をもつ消費者もいると思います。

　そこで、「売買契約の場合の売主の責任」についての契約責任とは何なのか、また、不法行為責任を問われる場合はどのような場合なのかを論じ、最後に建売住宅について議論してみたいと思います。

1．売主の瑕疵担保責任

　売買の目的物に隠れた瑕疵があったとき、買主は売主に対し、民法570条の規定に基づき、①契約の解除、②解除とともに損害賠償、③解除せず損害賠償、のいずれかを求めることができると解されております。ただし、瑕疵を知ったときから1年以内に権利を行使しなければなりません。

　つまり、建売住宅やマンションを購入したところ、購入した建物やマンションに隠れた瑕疵が発見されたという場合には、買主は売主に対し民法570条に定める瑕疵担保責任、すなわち損害賠償と解除のみを請求でき、瑕疵の修補は請求できないことになります。ところが、住宅品確法が制定された関係で、平成12年以降の新築住宅については、この住宅品確法に基づき、買主は売主に対し上記①〜③以外に瑕疵修補請求をすることも可能になりましたので、ご注意ください。

　ところで、従来の判例では、どのような不具合が隠れた瑕疵に該当するか、損害賠償として何が認められるのか、解除できる場合とはどのような場

⑤　建物の売買契約における瑕疵責任

合か、売買契約だと修補請求はできないのか、などが問題とされてきましたので、以下にご紹介します。

(1)　「隠れた」瑕疵について

　建物の瑕疵については、「③　建築請負契約における瑕疵責任」のところで述べたことがあてはまりますので、ここでは瑕疵が「隠れた」ものか否かについての判例を紹介することにします。

　なお、「隠れた瑕疵」とは、取引上要求される一般的な注意義務を用いても発見できない瑕疵をいうとされています。

＜判例紹介＞

> ・東京地判 S 39.12.17　下民集15−12−2959

　売買の目的たる建物が建築基準法に違反するという瑕疵は、一見して明白でないから、隠れた瑕疵であると判示しています。

> ・広島地判 S 54.3.23　判タ392−163

　マンションのバルコニーの建築基準法上の利用制限が瑕疵としても（判旨はもともと瑕疵ではないと判断しているが）、買主としての通常の慎重さをもってすれば、説明を求めるなどして避難通路としての利用制限のあることを知り得たものであり、「隠れた」瑕疵とはいえません。

> ・横浜地判 S 60.2.27　判タ554−238

　建売住宅が地盤沈下により傾斜した場合には、買主が通常の注意を用いても発見できないので、隠れた瑕疵があると判示しています。

> ・東京地判 H 17.12.5　判時1914−107

　購入したマンションから行政水準を越えるホルムアルデヒド濃度が検出されたことをもって「隠れた瑕疵」を認め、瑕疵担保責任を理由に売買契約の解除を認めた判例です。詳しくは後述します。

93

5 　建物の売買契約における瑕疵責任

・東京地判H24. 6. 8 　判時2169 - 26

　中古建物と敷地の売買契約で、購入した建物が傾斜していることをもって
「隠れた瑕疵」に該当すると認めています。詳しくは後述します。

(2) 　損害賠償について（信頼利益説、履行利益説）

イ. 買主が売主に請求しうる損害賠償の範囲について、信頼利益説と履行利
　益説の対立があります。これは、売主の瑕疵担保責任の性質を巡る法定責
　任説と契約責任説による論理的帰結とされています。

　　つまり、法定責任説では、建物の売買は特定物売買であるから、売主は
　その特定物たる建物を契約時の現状で引き渡せばよく、仮に目的物に隠れ
　た瑕疵があったとしても、その現状で引き渡したのであれば債務を履行し
　たことになるとする考え方です（特定物ドグマ）。そして、瑕疵ある目的
　物を引き渡された買主にとって、瑕疵のない目的物と同じ代金を支払うの
　は不公平なので、法律でとくに瑕疵のないものとして信頼した利益につい
　て賠償を定めたものであると解されています。こうして、法定責任説に立
　てば、信頼利益の賠償のみ請求できると解されるわけです。

　　そして、信頼利益説に立つと、売買の目的物たる建物に瑕疵があった場
　合、瑕疵のない建物との交換価値の差が損害であるということになります
　ので、「建物の修補に要する費用」や「建替費用相当額の賠償請求」は認
　められないのではないか、と一般には解されておりました。

　　これに対して、売主の瑕疵担保責任の性質を契約責任と考える説では、
　隠れた瑕疵のあるものを引き渡しても引渡債務を履行したことにはなら
　ず、債務の本旨に従った債務の履行とはならないとして、この責任は一般
　の債務不履行責任と変わりはないと主張しております。そして、一般の債
　務不履行責任では故意、過失を要するところ、瑕疵担保責任ではこれを無
　過失責任とすることで、一般の債務不履行責任より権利行使期間を短くし
　て取引の安全を図っているのがこの規定であると主張します。

　　この説では、債務不履行の一般原則に従い、履行利益の賠償や瑕疵がな
　ければ得られたであろう値上がり益や転売利益、そして拡大損害について
　まで損害賠償請求できるということになります。そして、この説によれ
　ば、「瑕疵修補費用」や「建替費用相当額の賠償」も、当然に請求が可能

5 建物の売買契約における瑕疵責任

であると解されています。

ロ．では、判例はどの立場に立っているでしょうか。

　最高裁判所は、売主の瑕疵担保責任の性質について明示したことはないものの、数量指示売買（民法565条）で履行利益の賠償を請求できる旨を示唆している（最判S57．1．21　民集36－1－71）ことから、法定責任説に立つのではないかとの指摘がされております。

　ところで、下級審の判例をみると、法定責任説に立つか債務不履行責任説に立つかで、結論を異にするわけではないようです。

　たとえば、法定責任説に立ったうえで、①瑕疵修補費用は瑕疵を知ったならば被ることがなかった損害であり、信頼利益に該当する（千葉地松戸支判H6．8.25　判時1543－149）と判示したものや、②瑕疵修補費用は、瑕疵による交換価値の低下という損害を回復するためのものであり、信頼利益の賠償として認められる（大阪地判H11．2．8　欠陥住宅2－268）とするものなど、瑕疵修補費用をもって信頼利益の賠償に該当すると明示したものが散見されます。

　他方では、瑕疵修補費用というのは履行利益に該当するから、損害とは認められない（大阪地判H3．6.28　判時1400－95）と判示した判例もあります。

　かと思うと、建物価格相当額と建物解体除去費用とを損害賠償として認めた判例もあり（大阪地判H10.12.18　欠陥住宅判例Ⅰ集82頁）、硬直的に上記議論どおりに判決するものと、柔軟な解釈論を展開しようとする判決もあって、必ずしも一義的に決めつけるわけにはいかないようです。

　ただ、判例の流れとしては、徐々に理論に拘泥せず、損害を広く認める方向に動いているように思われます。

(3)　解除できる場合

　売買により建物（住宅）を取得した買主は、目的物の瑕疵を知らず、かつ、瑕疵により契約をした目的を達することができないときは、売買契約を解除できると定められております（民法570条）。

　これは請負契約と大きく異なる点で、請負契約では、建物が目的物の場合には解除を許さないという条項（民法635条ただし書参照）があり、その適用・解釈を巡って議論がされましたが、売買契約ではこのような制限規定が

95

5　建物の売買契約における瑕疵責任

ありませんので、「契約の目的を達することのできない瑕疵」であるか否か
だけがポイントとなります。

　ここでも参考になる判例を、2つほど紹介します。

＜判例紹介＞

・東京地判H13.6.27　判タ1095-158

　本件は、被告から土地付建売住宅を購入したところ、土地が軟弱地盤で
あったために地盤沈下が発生し、建物に床鳴り、隙間、亀裂、ドアの開閉困
難などの多数の不具合が発生したという事案で、原告は瑕疵担保責任を理由
に売買契約を解除して、売買代金返還と損害賠償を請求いたしました。

　判決では、軟弱地盤であることは隠れた瑕疵であり、地盤沈下が発生して
建物に居住するのが困難な不具合をもたらし、しかも補修に要する費用は建
物新築に匹敵するほどに多額の費用を要するとして、土地付建売住宅の目的
を達することができないと判断して、売買契約の解除を有効と判断しまし
た。

　ここで私が注目した点は、「軟弱地盤であること」を土地の瑕疵と認定し
た点です。普通は基礎工事の瑕疵であって、それは建物の瑕疵と認定するこ
とが多いのではないかと思います。あえて裁判所が土地の瑕疵と認定したの
には、何か理由があったのでしょうか。研究してみる価値はあると思いま
す。

・東京地判H24.6.8　判時2169-26

　本件は、中古建物と敷地の売買契約を巡る事案です（既に「3　建築請負
契約における瑕疵責任」の項で簡単に説明しております）。

　原告は、被告から中古土地建物を購入して3年半ほど経過した頃になっ
て、建物が傾斜していることに気がつき、このように傾斜していたのは、
「本件土地建物には、本件土地の地盤が軟弱で、宅地としての通常有すべき
品質・性能を有していない瑕疵及び本件建物がべた基礎である瑕疵が存在」
すると主張し、さらに瑕疵を修補することは不可能であり、契約の目的を達
することができないと主張して、本件売買契約を解除して損害賠償を請求し
たという事案です。

本判決は、本件土地と本件建物の両者に、隠れた瑕疵があると認定しました。少し引用してみましょう。

　「本件建物の傾斜の状況は…のとおりであり、原告らは、本件建物に居住しているとめまいや腰の痛みを感じるようになったと主張していることもあわせて考えると、本件建物に認められる傾斜は、本件建物に居住する原告らの受任限度を超えるものであり、この傾斜は、本件土地の地盤にある腐植土層の二次圧密による不同沈下によって発生したと認めることができるから、本件土地には、上記のような腐植土層を含む軟弱な地盤があることについて、宅地として利用する上での瑕疵があると認めることができる。」として、本件土地の地盤の性状に、宅地としての利用上の瑕疵があるとしています。

　また、「本件土地及び建物の沈下は現在でも進行中であるから、本件建物の基礎であるべた基礎は上記沈下に対応することができていない基礎である。本件建物の基礎を構造耐力上安全なものと認めることができず、本件建物の基礎には、瑕疵があるということができる。」として、本件建物の基礎に構造耐力上の安全性を欠く瑕疵があるとしています。

　そして、「このような本件土地の地盤及び本件建物の基礎の瑕疵は、本件売買契約前から存在していたものであったと認められるが、これらの瑕疵は、原告らが体感するようになった異常の発生や専門家の調査によって初めて明らかになったものであり、買主である原告らが通常の注意を用いても発見することができなかったと認めることができるのであるから、…いずれも隠れたる瑕疵に当たる。」と判断しています。

　なお、本判決は契約解除については、本件建物の傾斜の修補が技術的に可能であり、居住したまま修補工事を実施できるので、本件売買契約の目的は達成できると判断して、本件売買契約の解除を否定し、損害賠償のみを認めています。

5 建物の売買契約における瑕疵責任

2．売主のその他の責任

(1) 債務不履行責任

　通説・判例は、瑕疵担保責任について法定責任説に立ちますので、建物を売買して瑕疵が発生した場合は瑕疵担保責任の追及をすべきであって、債務不履行責任の追及は否定することになるはずです。

イ．しかし、判例を検討してみると、それほど単純ではないことが分かります。以下で、債務不履行責任について言及した判例を紹介します。

＜判例紹介＞

> ・東京高判Ｈ6．2．24　判タ859 − 203

　本件は、売買契約書の中で瑕疵担保責任期間を引渡しから2年に短縮する旨の特約をしていた事案です。

　本判決は「本件売買契約は新築マンションを目的としたものであり、同契約には、売主である控訴人が買主である被控訴人に対し、瑕疵のない建物を引き渡す旨の合意（本件合意）が存在していたことが認められ、したがって、本件建物に瑕疵があったことは、控訴人の被控訴人に対する債務の不履行であるというべきであるから、控訴人は被控訴人に対し、本件瑕疵によって被控訴人が被った損害を賠償すべき責任があるものというべきである」と判示して、瑕疵担保責任ではなく、あえて債務不履行責任を問うことで、買主を救済しています。

> ・神戸地判Ｓ61．9．3　判時1238 − 118

　本件は、宅地建物取引業者の被告から、いわゆる建売住宅を敷地とともに購入した原告が、地盤と基礎工事に起因して建物に不同沈下が生じ、建物各部に歪みや亀裂などの瑕疵が発生したとして、被告に対し、取壊し建替え費用の損害賠償を請求した事件です。

　判決では、被告は専門家の建設業者に建築させたものであって、自らに過失がない旨を主張するが、単なる建売販売の業者であっても、瑕疵のない建物を給付する債務があり、給付した建物に瑕疵がある場合にはこれを修補す

⑤ 建物の売買契約における瑕疵責任

べき債務を負うと判示し、債務不履行責任を問うています。

ロ．他方で、瑕疵建物の売買で、瑕疵担保責任を追及するとともに、併せて
　債務不履行責任を追及した事案で、両者の成否を論じた判例がありますの
　で、紹介しておきます。

＜判例紹介＞

・東京地判H17.12.5　判時1914-107

　この判例は、既に紹介済みの判例で、マンションの売買で行政水準を超え
るホルムアルデヒドの濃度の建物について「隠れた瑕疵」を認め、瑕疵担保
責任を理由に売買契約の解除を肯定した事案ということで紹介しました。
　しかし、参考となるのはその点だけでなく、もうひとつありますのでここ
に紹介します。原告は、瑕疵担保責任の主張に併せて債務不履行の主張をも
行っていますので、この点について、本判決がどのように判断したか、以下
で参考に供するため、判決文をそのまま掲げておきます。
　「原告らは、被告本件建物を含むマンションの設計に当たりホルムアルデ
ヒド濃度につき厚生省指針値を超えることがないよう設計すべき注意義務及
び施工に当たり有毒物質の放散により居住者の生命身体に危険を生じさせる
恐れのないように使用する部材を選定・変更すべき注意義務があったとし
て、その債務不履行を主張する。」「しかし、本件売買契約により売主である
被告が負担する債務は、具体的には…基準の仕様を満たす建材等を使用した
建物を原告らに販売すべき債務であるにとどまるというべきであり、…原告
らの主張するような注意義務は…本件売買契約の内容とはなっていない」と
判示しています。
　つまり、本判決は瑕疵担保責任を認め、同内容の債務不履行責任を否定し
てはおりますが、その適用にあたり「債務」とは何かといった点に言及して
おり、参考になると思います。

⑵　不法行為責任
　ここでも、「③　建築請負契約における瑕疵責任」の「2．⑵不法行為責
任」での説明が、そのまま当てはまります。
　通説・判例は、契約責任と不法行為責任の両方を同時に問えるとの、いわ

99

⑤　建物の売買契約における瑕疵責任

ば請求権競合の立場ではないかと思います。要は、どちらの責任であっても各要件さえ満たせば、それぞれの責任を問えるということになります。したがって、瑕疵担保責任が除斥期間を経過してしまった場合には、「知ったときから３年間」権利を行使できる不法行為責任を追及する余地があります。

　判例が両責任を併存すると考えている例として、再度、マンションの売買で行政水準を超えるホルムアルデヒドの濃度の建物について「隠れた瑕疵」を認め、瑕疵担保責任を理由に売買契約の解除を肯定した事件を、以下で紹介してみたいと思います。

＜判例紹介＞

　・東京地判H17.12.5　　判時1914−107

　「原告らは、本件売買契約締結に至る一連の被告の行為は不完全な目的物をそうでないかのように売却した行為として不法行為を構成するとともに、設計者及び施工者としての注意義務を怠ったことにより本件建物に欠陥を生じさせた不法行為により、原告らに損害を発生させたとして、被告の不法行為責任を主張する。」

　これに対し、本判決は「建材等が本件建物内のホルムアルデヒドの発生源として一応推認されるとはいえ、これらの建材としてはJAS…基準の仕様を有するものが建築に際して出荷されたこと及び施行に際してこれらが他の建材等にすり替えられた可能性を具体的に窺わせるような事情も存在しないことを考えると…ホルムアルデヒドの具体的な発生源及び発生機序を特定することはできない。また、被告は、JASの…基準の仕様を有する建材等を用いて本件建物を含むマンションを建築したのであり、建材の選択に当たり、…本件売買契約上要求される品質の水準に抑制するために必要な措置を行っている…従って、不法行為に基づく損害賠償請求権を認めることができない。」と判示しています。

3．建売住宅の法的問題点

⑴　建売住宅の実態

　「建売住宅」という言葉は、土地付きで新築建物を売る場合によく使われ

る表現といえます。要は、消費者に一戸建住宅を商品のように売却するというもので、購入する消費者は建築行為に関わるという煩わしさを回避できる点に特色があります。

　だが、「建売住宅」と一言で表現しても、建物の建築状態によっていくつかのバリエーションがあるとされます。1つは、建築されてでき上がった新築建物を売却する場合であり、これが文言どおりの建売住宅といえるものです。2つは、売買契約を締結した後に建物を建築する場合であり、「売り建て型」ともいわれます。3つには、この2つの中間で、建物の建築途中で建物を売買する場合であり、これが一番多いパターンではないでしょうか。

　いずれの場合であっても、建築確認は売主の業者側が取得している例が多いといえます。ただし、2つ目のパターンの中には建築条件付の土地売買の場合がありますので、この場合には買主自身が建築確認申請しているかもしれません。なお、いずれの場合も、設計施工・監理を売主側が一括して行うといってよい建築形態です。

　結局、販売業者側からすると、新築建物完成後になってから販売活動するのでは遅すぎるので、早目に広告宣伝を開始し、その広告宣伝を見た消費者がすぐに購入してくれる場合と、なかなか売れずでき上がってからやっと売れる場合などで、上記3パターンが生ずるといってもよいかもしれません。社会状況的にみて、住宅が足らず住宅がすぐに売れた時代と現在とでは、上記3パターンの割合も変化していると思います。

(2)　法的性質

　建売住宅の実態を直視すると、売主の業者が主導して建築した建物を売るのだから（せいぜい棚をつけるなどの修正ができる程度だったりするので）、私は基本的に売買契約とみるのが実態に即しているように思います。しかし、契約時の建築状況によっては、純粋な売買契約とみる場合と、土地の売買と建物の請負の混合契約とみる場合と、請負契約的要素を考慮して類推適用する場合とに分けて考えざるを得ないのではないかという気もいたします。

　そこで、瑕疵担保責任の行使という観点から、売買と請負を比較してみようと思います。どうやら、以下の3点で法的効果に違いが出てくるといえそうです。

　1つは、権利行使期間が異なる。すなわち、瑕疵を発見したとき、売買契

⑤　建物の売買契約における瑕疵責任

約だと隠れた瑕疵を知った時から１年間は瑕疵担保責任を行使できるが、請負契約だと引渡しから５年（木造など）ないし10年（コンクリート造など）で権利行使できなくなる。

　２つには、行使できる権利の内容が異なる。すなわち、売買契約では損害賠償と解除ができます。これに対し、請負契約では明文上解除が制限され（民法635条ただし書）、解釈上、厳格な要件の下で建替相当の損害賠償を認める。他方で、請負契約にあっては損害賠償請求権のみならず、修補請求権も認められるが、売買契約では認められていない（住宅品確法の適用のある住宅では、売買契約の場合でも修補請求権が認められている）。

　３つには、損害賠償の範囲につき、売買契約では法定責任説に立つと信頼利益の賠償に限定されるのに対し、請負契約の場合は履行利益などが含まれ、保護が厚いとされる。

　ところで、判例は、建売住宅についてどのように考えているのでしょうか。どうやら判例の多くは売買契約とみて、売主の担保責任を適用する考え方に立つ判例が多いといえそうです。とはいえ、契約時に建物が完成していない場合には、完成させる債務を売主が負担していると考え、請負契約上の責任を考慮した判例も散見されます。結局、事案ごとに実態を検討して、適用されているというのが実情のように思えます。

　だとすると、判例は消費者の権利を不当に制限しない方向で適宜、解釈論を展開しているようにも読めます。

|6| 直接の契約関係にない場合の専門家責任

|6| 直接の契約関係にない場合の専門家責任

　　ここでは専門家責任というものが意識され、その責任を問おうとする考えは何故なのか、そのためにはどのような法政策（施策）が必要なのか、を考えていただきたい。
　　また、判例が専門家責任についてどのように考えているのか、その射程距離を把握してもらいたいと思います。

1．専門家責任が問われる理由

(1)　ここで「専門家」というのは、建築技術について専門的知識を有するとして公的な資格・免許を与えられている者を指します。たとえば、建築士や建設業者などを念頭において議論を進めたいと思います。

　　最初に、直接の契約関係にないこれら専門家に対し、何故、責任を問うべきであるといった考え方が生まれてきたのか、検討してみたいと思います。

　　それは序論でも指摘しましたように、戦後の法律体系は、建築の専門家を通じて建物の品質を確保しようと企図したものでしたが、これら専門家が適切に機能せず、建物や住宅の質が確保されなくなり、この不満が爆発して欠陥住宅撲滅に向けての社会運動が起こってきた。このような認識が背景にあったと思われます。そこで、改めて専門家の姿勢を正し、もって住宅、建物の品質を確保させようとして、専門家の責任を問う方向に舵が切られたからといえましょう。

(2)　しかし、専門家がそれ程に建築生産の現場で主導的立場にあるのでしょうか。そこが問題です。

103

6 直接の契約関係にない場合の専門家責任

むしろ、高度成長とともに建設産業界、住宅産業界ができてきて、実質的にみてこれら施主にあたる立場の人たちが自ら住むための住宅ではなく、売り逃げる住宅をつくるようになったため、つくる者の側に品質確保への動機付けを失ってしまったところに問題があったのではないでしょうか（「売り逃げる住宅」の意味について序論を参照）。その意味では、これら実質的に「施主にあたる立場」の業者に対して、適切な法的義務を課すことが一番重要なはずです。とくに、これら業者の方が専門家より社会経済的に優位な立場にあるため、専門家の責任だけが強化されても建物の品質向上には結びつかない可能性があるからです。

それを少し意識したからだと思いますが、平成18年には住生活基本法が制定され、この中で抽象的にではありますが、やっと住宅関連事業者の責務が定められました（同法8条①）。しかし、これでは十分でなく、これをもっと具体化する法律が必要なのではないでしょうか。

そして、もうひとつ大事なことは専門家を責めるだけでなく、専門家を育成することが必要なのではないでしょうか。いわばアメとムチの両方が必要で、そのアメの部分として専門家の育成に向けた政策が必要といえます。

また、（公社）日本建築士連合会、（一社）日本建築士事務所協会連合会、（公社）日本建築家協会が平成25年11月7日付で設計・工事監理の業の適正化等のための共同提案をしたのは、専門家自ら責務を認識し、その責任の重さを公表した点で大変に意義深いことであったと思います。

⑶　ところで、最高裁が建築紛争事件で専門家に対し警鐘を打ち鳴らす意味で、名義貸建築士の責任と、基本的安全性に関する判例、といった2つの画期的な判例を生み出しましたので、以下でこれらの判決を取り上げて、その意味するところを説明してみたいと思います。

また、建設業者の専門家性を取り上げ、建設業許可の審査に違法があるとして、県に対し、工事瑕疵による損害を認めたという判例がありますので、紹介します。

⑥ 直接の契約関係にない場合の専門家責任

2．名義貸建築士の責任

(1)　最判 H15.11.14　判時1842−38

❶　本件は、建売住宅を購入した者が建物に瑕疵がある（例えば、建築確認申請図面と異なる内容の施工がされている）と主張して、建築確認申請書の工事監理者欄に名前が記載されていた（一級建築士が代表を務める）一級建築士事務所（開設者）に対し、民法709条に基づき損害賠償を請求した事案です。なお、一級建築士個人は被告とされてはおりません。

　一審は、一級建築士事務所は購入者と直接に工事監理契約を締結していないのだから、購入者に対し工事監理者としての業務を遂行すべき法的義務はないと判断しました。そして、そもそも工事監理者を届け出る主体は建築主であって、建築主はいつでもこれを変更することができるといった事情も指摘したうえで、この一級建築士事務所に対する請求を棄却しております。これは従来からの法解釈を前提とする限り、オーソドックスな判決といえると思います。

　これに対し、控訴審は、建築士法18条1項を根拠にして、建売用建物の購入者に対する関係でも、実質上工事監理者がいない状態で危険な建物が建築されないよう配慮すべき義務があり、これに違反したとして、当該建築士事務所の不法行為責任を肯定しました。しかし、他方で、本件ほど著しい手抜き工事が行われることを容易に予見できたとはいい難く、かつ、売主で施工業者が工事監理者の変更の手続きをして工事しているだろうと考えたとしてもやむを得ないところがあるとして、損害の1割の限度で請求を認容しています。

❷　これに対し上告され、最高裁判所の判断が下されました。重要な部分ですので、最高裁判所の判旨を以下に引用してみます。

　「建築士法3条から3条の3までの規定は、各規定に定められている建築物の新築等をする場合においては、当該各規定に定められている一級建築士、二級建築士又は木造建築士でなければ、その設計又は工事監理をしてはならない旨を定めており、上記各規定に違反して建築物の設計又は工事監理をした者には、罰則が科せられる（同法35条3号）。法5条の2の規定は、上記規制を前提として、建築士法の上記各規定に定められている建築物の工事は、当該各規定に定められている建築士の設計によらなけれ

105

ば、することができないこと、その工事をする場合には、建築主は、各規定に定められている建築士である工事監理者を定めなければならず、これに違反した工事はすることができないことを定めており、これらの禁止規定に違反した場合における当該建築物の工事施工者には、罰則が科せられるものとされている（法99条1項1号）。そして、建築士法18条の規定は、建築士は、その業務を誠実に行い、建築物の質の向上に努めなければならないこと（同条1項）、建築士には、法令又は条例の定める建築物の基準に適合した設計をし、設計図書のとおりに工事が実施されるように工事監理を行うべき旨の法的責務があることを定めている（同条2項、3項）。建築士法及び法の上記各規定の趣旨は、建築物の新築等をする場合におけるその設計及び工事監理に係る業務を、その規模、構造等に応じて、これを適切に行い得る専門的技術を有し、かつ、法令等の定める建築物の基準に適合した設計をし、その設計図書のとおりに工事が実施されるように工事監理を行うべき旨の法的責務が課せられている一級建築士、二級建築士又は木造建築士に独占的に行わせることにより、建築される建築物を建築基準関係規定に適合させ、その基準を守らせることとしたものであって、建築物を建築し、又は購入しようとする者に対し、建築基準関係規定に適合し、安全性等が確保された建築物を提供することを主要な目的の一つとするものである。このように、建築物を建築し、又は購入しようとする者に対して建築基準関係規定に適合し、安全性等が確保された建築物を提供すること等のために、建築士には建築物の設計及び工事監理等の専門家としての特別の地位が与えられていることにかんがみると、建築士は、その業務を行うに当たり、新築等の建築物を購入しようとする者に対する関係において、建築士法及び法の上記各規定による規制の潜脱を容易にする行為等、その規制の実効性を失わせるような行為をしてはならない法的義務があるものというべきであり、建築士が故意又は過失によりこれに違反する行為をした場合には、その行為により損害を被った建築物の購入者に対し、不法行為に基づく賠償責任を負うものと解するのが相当である。」として、上告を棄却しました。

(2)　この判決の意味

❶　この最高裁の判決は、建築士に対し専門家責任を問うた判例といえるものです。

最高裁は、建築士の専門家責任の法的根拠を明確にしました。つまり、大阪高裁の判決では、建築士法18条１項の誠実義務の規定を根拠にしたのに対し、上告申立がされ、その上告理由の中で、建築士法18条１項の誠実義務は契約した当事者間に発生する義務であり、しかも、これは精神的な規定にすぎないところ、建売用建物購入者との間では直接の契約が存在せず、かつ、同法同条は私法上の法的義務を定めたものではないのだから、理由がないというなかなか鋭い指摘がされました。この上告理由に答えたのが最高裁の判決で、最高裁はもう少し法的根拠を明確化する必要があると考えたのではないでしょうか。

　最高裁の論理構成をみてみると、建築士法の３条〜３条の３、５条の２と罰則、そして18条各項の規定を根拠にして、①建築士には設計と監理についての業務独占が認められており、②建築士には建築物の質の向上や、法令等に適合した設計や監理を行う法的義務があることを指摘して、③その結果、契約当事者間だけで法的義務が生ずるというわけではなく、一般的に「専門家としての特別の地位」が与えられ、法的義務が発生すると結論づけている点に特徴があります。まさにこの点が「専門家責任を問うた」判例と評する所以です。

❷　ところで、この最高裁の判決が画期的である理由を知っておく必要があります。それは、立法を先取りした判決だからです。

　もともと建築基準法は、建物の建築主や所有者に向けて、遵守すべき内容を定めた法律であるといわれておりました。つまり、立法当時は性善説の立場に立って、建築基準法の内容をよく知らない建築主に代わって建築士が確認申請の代行をすることで、建築基準法に従った設計や監理がされるだろう程度の期待を有していたにすぎませんでした。それを、耐震強度偽装事件を契機に建築士法を改正して、建築士にまで建築基準法遵守義務を定めてしまったわけです（建築士法21条の３）。ところが、この最高裁の判決というのは、建築士法の改正される前に、既に建築士に建築基準法の遵守義務があると判断しており、立法を先取りした判決内容だったからです。

　しかも、建築士は、自分が設計する際に建築基準法を遵守せねばならないというだけでなく、自分がかかわった建築について広く同法を実現するべく行動して遵守させる義務があるといったふうにも読め、過重な義務を求めているようです。まさに立法をリードしたのかもしれません

⑥　直接の契約関係にない場合の専門家責任

（つまり、それまでは建築士が建築主に脱法を教えるのは倫理上問題とはされても、違法とまでは評価されていなかったと思います。もちろんその場合でも、建築主の行為は違法となります）。

その結果、この判決は、「…自己が工事監理を行わないことが明確になった段階で、建築基準関係規定に違反した建築工事が行われないようにするため、本件建物の建築工事が着手されるまでに…工事監理者の変更の届出をさせる等の適切な措置を執るべき法的義務があるというべきである。」とまで判示しています。しかし、これは可能なことでしょうか。たとえば、一審判決が指摘しているように、工事監理者の変更届出は建築主（施主）の権限ですので、建売住宅の建築で、施主である建売業者に代わり建築士の方で「適切な措置」を採ることが現実にできるでしょうか。仮に建売業者が建築士の申し出を拒否したら、建築士はどうしたらよいのでしょうか。自ら無償で工事監理せねばならないのでしょうか。そんなことは実際には不可能でしょう。

結局、建築士が何らかの事情で確認申請書に名義を記載することを許したら、その工事現場の責任をとれということになりそうです。建築現場には多様な形態がありますので、一概に決めつけるのは少し建築業界や建築現場の実態を無視した判断のような気がして、建築士にあまりに過重な義務を強いているような気がします。

❸　そのような気持ちが働いたのでしょうか。控訴審は建築士の責任を問う代わりに、責任の範囲を損害の一割に限定しました。この点を見てみましょう。

この控訴審判決（大阪高判 H 12. 8. 30　判タ 1047 - 221）によると、本件ほどの著しい手抜工事が行われるのはあまり例のない事態であり、名義貸建築士が必ずしもこれを容易に予見できたとまでは言い難いこと、名義貸建築士が建売業者の方で工事監理者の変更の手続きをして工事をしているであろう、と考えたとしてもある程度やむを得ないこと等を根拠として、原告らが被った損害の一割の範囲で責任を負うとして、その限度でXらの請求を認容しております。

❹　名義貸判決を分析してみると、裁判所としては専門家責任を問う方向に舵を切ったものの、現場の専門家の実態をみたとき、建築士に全責任を負わせるべきか否かについて、どこか躊躇しているようにも思えます。

6 直接の契約関係にない場合の専門家責任

すべてを司法の領域で解決するのは大変に難しい問題といえそうです。

(3) 佐賀地判 H22. 9. 24 判時2118-81

上記最高裁の判決の事案は、建売業者から住宅を「売買契約により」購入した者が、名義貸建築士の責任を追及した事案でしたが、本件は、建築主（注文者）が建設会社に住宅の建築工事を依頼したという、いわゆる「請負契約にもとづいて」完成、引き渡された住宅に瑕疵が発見されたという事案です。

つまり、この事件で責任を問われた建築士は、原告である建築主（注文者）との間で建築確認申請の手続きを行う旨の合意をしており、原告との間に全く契約関係を有しない最高裁判決の事例とは異なりますのでご注意下さい。そして、この建築確認申請書の工事監理者欄にこの建築士の名を記載して申請したが、工事監理契約書は作成しておらず、工事監理も行わなかったという事案です。

本判決では、建築主の方から建築士に対し、当事者間に工事監理契約が成立しているとの主張をしましたが、これは否定いたしました。そのうえで、上記最高裁の判例が本件にもあてはまるとして、いったん工事監理者として名義を記載した以上は、建築主と工事監理契約を締結して工事監理業務を行うか、これが不可能な場合には、建築主に対して、工事監理者の変更の届出をさせるなど適切な措置を執るべき法的義務があったのに、これを怠ったとして、不法行為責任を認めました。

とはいえ、本判決の面白い視点は、建築主側にも責任があるとして、５割の過失相殺をしている点です。少し原文を引用しておきましょう。

「…工事監理に関し、建築士法及び建築基準法を潜脱する事態を招いた一因には、…が…工事監理契約を締結せず、建築確認の申請手続についてのみ一級建築士としての…の名称及び肩書を安易に利用したことがあるというべきである。そうであれば、…過失相殺をするのが相当であり、…その過失割合としては、前記認定事実からすると、５割が相当である。」として、建築主側の問題点に言及しております。

(4) ＜コメント＞

結局、名義貸判決では、専門家である建築士の責任を肯定したものの、その損害のすべてを負担させるのではなく、最高裁判決の事件では相当因果関

109

6 直接の契約関係にない場合の専門家責任

係のある損害を1割とし、佐賀地方裁判所の事件では5割の過失相殺としています。

これからは、損害負担割合をどうするかが焦点となりそうです。

3. 基本的安全性についての判例

(1) 判例の考え方

この基本的安全性についての判例は、一審、控訴審、上告審、そして差戻控訴審、上告審、二次差戻控訴審と、実に長い時間をかけて、いろいろな論点が議論されています。是非とも原文にあたって、これら判決を読んでみることをお勧めします。

> ・最判 H19.7.6 判時1984-34→(差戻)福岡高判 H21.2.6 判時2051-74
>   一審　大分地判 H15.2.24　民集61-5-1775
>   二審　福岡高判 H16.12.16　判タ1180-209
> ・最判 H23.7.21 判時2129-36→(差戻)福岡高判 H24.1.10 判時2158-62

事案の概要は、少し簡略化して表現すると、以下のとおりです。

昭和63年に施主が土地を購入し、Y₁に設計・工事監理を、Y₂に施工を依頼し、鉄筋コンクリート造9階建の共同住宅・店舗外1棟、合計2棟を建設しました。建物完成後の平成2年5月頃にXがこの施主から本件土地建物を購入し、代金を完済したというものです。

購入したXが平成6年2月1日になって、それまで居住していた大阪府内から移転して本件建物に住み始めたところ、本件建物に亀裂、水漏れ、排水管のつまり、火災報知器の配線不備、鉄筋の耐力低下、構造耐力上の瑕疵など、多数の瑕疵のあることが分かり、建て替えるか、建物購入資金を返還するよう申し入れしたが、聞き入れられず、平成8年7月2日に本訴を提起しました。

なお、Xは借入金の返済ができず、本件の裁判中に抵当権が実行され、平成14年6月17日に本件土地建物は競売により第三者に落札されました。そのため、所有権を失ったXに損害はあるのかといった新たな論点も浮上してきました。

⑹　直接の契約関係にない場合の専門家責任

(2)　各判決の特徴について

❶　一審　大分地判H15.2.24　民集61−5−1775

イ．請負契約上の瑕疵担保履行請求権の譲渡を認めております。

　　XとY₁Y₂とは直接の契約関係はないが、施主がY₂に対して有する請負契約上の瑕疵担保履行請求権を施主からXが譲渡されていると認定しました。これはなかなか面白い法的構成で、参考になると思います。

　　ただし、約款で瑕疵担保責任期間を2年と定めており、この間に権利行使していないので、同請求権は認められないとの判断でした。

ロ．請負契約による瑕疵担保責任と不法行為責任とは制度趣旨が異なるのだから、2つの請求権を同時に主張できるとして、請求権競合を認めています。

　　この請求権競合論は近時、消費者保護の観点から有力に主張され始めたもので、この一審がこの立場を採用した点で、実に画期的な判断をしております。

　　そして、不法行為による請求権についての消滅時効は、損害を知ったときから3年であるから、本件では時効消滅していないとして、損害論に踏み込んで判断しております。

ハ．不法行為による相当因果関係のある損害として ⓐ〜ⓓ を認めました。

　ⓐ　建物瑕疵に起因する損害の賠償（原則として修補相当額）

　ⓑ　瑕疵調査費用

　ⓒ　慰謝料

　ⓓ　弁護士費用

　　なお、営業損害、引っ越し費用は否定しました。

❷　控訴審　福岡高判H16.12.16　判タ1180−209

イ．この控訴審判決は、従来からのオーソドックスな考え方を述べたもので、一審の考え方を真正面から批判しており、実に読みごたえのある判決です。

　　この控訴審判決があったからこそ、最高裁判決が踏み込んだ議論をせざるを得なくなったのではないかという気がします。

ロ．本件請負契約の注文者たる地位の譲渡については、一審判決とは異なり、当事者間のやりとりをみると、譲渡の事実を認めることはできないと判断しています（事実認定の問題で認めず）。加えて、それまでに施主が

111

6 直接の契約関係にない場合の専門家責任

瑕疵担保責任の履行請求をしていなかったのであるから、全く具体化して
いない請求権を債権譲渡できるか疑問があると批判します。なかなか味の
ある判決といえそうです。

ハ．請求権競合論を原則否定しました。

そして、建物の瑕疵について不法行為責任を問えるのは、「違法性が強
度である場合、例えば、請負人が注文者等の権利を積極的に侵害する意図
で瑕疵ある目的物を製作した場合や、瑕疵の内容が反社会性あるいは反倫
理性を帯びる場合、瑕疵の程度・内容が重大で、目的物の存在自体が社会
的に危険な状態である場合等に限って、不法行為責任が成立する余地が出
てくる。」と判断しました。

これが「強度の違法性」論といわれる立場です。

❸ 上告審　最判H19．7．6　判時2129-36

「建物は、そこに居住する者、そこで働く者、そこを訪問する者等の
様々な者によって利用されるとともに、当該建物の周辺には他の建物や道
路等が存在しているから、建物は、これらの建物利用者や隣人、通行人等
（以下、併せて「居住者等」という。）の生命、身体又は財産を危険にさ
らすことがないような安全性を備えていなければならず、このような安全
性は、建物としての基本的な安全性というべきである。そうすると、建物
の建築に携わる設計者、施工者および工事監理者（以下、併せて「設計・
施工者等」という。）は、建物の建築に当たり、契約関係にない居住者等
に対する関係でも、当該建物に建物としての基本的な安全性が欠けること
がないように配慮すべき注意義務を負うと解するのが相当である。そし
て、設計・施工者等がこの義務を怠ったために建築された建物に建物とし
ての基本的な安全性を損なう瑕疵があり、それにより居住者等の生命、身
体又は財産が侵害された場合には、設計・施工者等は、不法行為の成立を
主張する者が上記瑕疵の存在を知りながらこれを前提として当該建物を買
い受けていたなど特段の事情がない限り、これによって生じた損害につい
て不法行為による賠償責任を負うというべきである。居住者等が当該建物
の建築主からその譲渡を受けた者であっても異なるところはない。」と判
示し、福岡高裁へ差戻しております。

＜コメント＞

6 直接の契約関係にない場合の専門家責任

　平成15年の名義貸建築士の責任を問う判決が出された段階で、既に最高裁判所は建築にかかわる専門家の責任について、ずいぶんと踏み込んだ考え方をしていた可能性があります。つまり、名義貸建築士について、建築確認申請書に工事監理者として届け出ることを認めた以上は、工事監理者のいない状態で建築工事が実施され工事瑕疵を生めば、その責任を負担すべきであるという論理ですから、既に強く専門家としての責任を問う立場を明確に意識していたのではないでしょうか。

　言い換えると、建築基準法が建築士や建設業者という専門家の補佐に基づいて、よりよい建物が建築されることを想定したものであるところ、専門家による補佐が十分ではないから欠陥住宅が建設されるのであると考え、昭和25年当時の法律制定の趣旨をいま一度、思い起こせという問題提起だといってもよいと思います。

　その意味では、当然に平成19年の、この基本的安全性に関する判決も名義貸判決の延長線上にあったのでしょう。こう考えると、ここまで厳しく専門家責任を問う理由について、合点がいく気がします。

　これはこれで、社会へ向けての警鐘の役割は果たしているのだろうと思います。

　ただ、この論理が日本全国津々浦々まで行き渡ると、専門家は実に割に合わない仕事だと嫌われるのではないか、現状を見たとき、少し専門家に酷なのではないかという気がします。

　つまり、専門家も社会と無関係に超然と生活できるわけではなく、当然にデベロッパーなどと契約して設計、施工、工事監理を遂行するわけですから、デベロッパーとの力関係の影響を受けざるを得ません。これを無視したら仕事が来なくなる可能性があるからです。その点で、専門家責任を厳しく問うことは、場合によって専門家にとって過重な責任負担となるのではないかといった問題意識が生じてきます。

　とはいえ、建物や住宅の建築には2つの面があることも確かです。すなわち、個人の資産をつくり出すといった私有財産の部分と、社会資本を形づくる公共性の部分とがあるわけです。後者の公共性の部分を考えると、専門家としての責任を厳しく問う議論に賛成したくもなるのですが、前者の部分について専門家に過重な責任を負担させていくことにはどうしても違和感があります。ここは法律システムとして制度全般を国会で議論して、新たな立法をしていくのが正しいのではないかと思います。

6　直接の契約関係にない場合の専門家責任

　なぜなら、専門家責任を厳しく問うことで損害を回復させても（私有財産
の部分の損害回復はされても）、それが建物の修補に生かされず、懐に入れ
て消費されてしまったら社会資本は充実しないことになるからです。つま
り、司法の場での解決には限界がありそうに思います。

　また、基本的安全性の議論は、契約責任を乗り越えるべく立法された製造
物責任法さえ越える解釈だという点でも、疑問が残ります。つまり、同法で
は製造物の欠陥が見つかったとしても、人の身体など製造物以外に損害を与
えない限り賠償義務はない（同法3条）のに対し、本件では専門家は転々流
通しても製造物自体の財産的損害をいつでも賠償させるという解釈ですの
で、あまりに強烈で解釈の域を越えていると考えるからでもあります。

❹　差戻審　福岡高判H21.2.6　判時2158-62

　第2次控訴審は、以下のとおり判示して、第1次控訴審と同様、原判決
中一審被告らの敗訴部分を取り消し、一審原告らの請求をいずれも棄却し
ました。

　まず最初に、この基本的安全性を損なう瑕疵というのは、建築基準法や
その関連法令に違反するものすべてをいうのかについて、以下のように限
定されるべきであるとしています。つまり、「（第1次）上告審が判示する
『建物としての基本的な安全性を損なう瑕疵』とは、建物の瑕疵の中で
も、居住者等の生命、身体又は財産に対する現実的な危険性を生じさせる
瑕疵をいうものと解され、建物の一部の剥落や崩落による事故が生じるお
それがある場合などにも、『建物としての基本的安全性を損なう瑕疵』が
存するものと解される」が、建築基準法やその関連法令に違反する瑕疵の
すべてを含むものではないと判示している点です。

　第2次控訴審はここで初めて現実的な危険性に限るとして、責任を限定
しようと試みている点で注目されるべき判決です。どうやら「現実的な危
険性」を持ち出したのは、次の問題を解決するためだったのではないかと
いう気がしますので、少し検討してみましょう。

　本件建物は、平成14年6月17日、競売により一審原告らからHに売却さ
れているので、原告は所有権を失ったことで保護される利益がないと考
え、不法行為責任は成立しないという論理構成をとりたかったのではない
でしょうか。第2次控訴審は「不法行為による損害賠償法上は財産権侵害
であり、『建物としての基本的安全性を損なう瑕疵』が存在することによ

114

6 直接の契約関係にない場合の専門家責任

る瑕疵修補費用相当額を損害と観念するものであるから、一審原告らが所有権を有している間に瑕疵修補費用相当額の損害が発生していることが必要」として、一審原告らに対する不法行為責任が発生するためには、少なくとも、同日までに、「建物としての基本的な安全性を損なう瑕疵」が存在していることを必要とすべきである旨を判示しているからです。

　そして、「『建物としての基本的な安全性を損なう瑕疵』の存否については、現実の事故発生を必要とすべきではないが、一審原告らが本件建物の所有権を失ってから6年以上経過しても、何ら現実の事故が発生していないことは、一審原告らが所有権を有していた当時にも『建物としての基本的な安全性を損なう瑕疵』が存在していなかったことの大きな間接事実であるというべきである。」と判示することで、不法行為責任を否定しているからでもあります。

　この点はなかなか面白い指摘のような気がします。

　ところが、これも上告されて破棄されてしまいます。

❺　第2次上告審　最判H23.7.21　判時2129-36
　　第2次控訴審の判決に対する上告審は、以下のとおり判示して、本件を福岡高等裁判所に差し戻しました。

イ.「第1次上告審判決にいう『建物としての基本的な安全性を損なう瑕疵』とは、居住者等の生命、身体又は財産を危険にさらすような瑕疵をいい、建物の瑕疵が、居住者等の生命、身体又は財産に対する現実的な危険をもたらしている場合に限らず、当該瑕疵の性質に鑑み、これを放置するといずれは居住者等の生命、身体又は財産に対する危険が現実化することになる場合には、当該瑕疵は、建物としての基本的な安全性を損なう瑕疵に該当すると解するのが相当である。」として、第2次控訴審のように現実的な危険まで必要とはしない旨を判示しました。

ロ.　そして、かかる瑕疵について具体的に以下のように例示しました。
　　「以上の観点からすると、当該瑕疵を放置した場合に、鉄筋の腐食、劣化、コンクリートの耐力低下等を引き起こし、ひいては建物の全部又は一部の倒壊等に至る建物の構造耐力に関わる瑕疵はもとより、建物の構造耐力に関わらない瑕疵であっても、これを放置した場合に、例えば、外壁が剥落して通行人の上に落下したり、開口部、ベランダ、階段等の瑕疵により建物の利用者が転落したりするなどして人身被害につながる危険がある

115

6 直接の契約関係にない場合の専門家責任

ときや、漏水、有害物質の発生等により建物の利用者の健康や財産が損なわれる危険があるときには、建物としての基本的な安全性を損なう瑕疵に該当するが、建物の美観や居住者の居住環境の快適さを損なうにとどまる瑕疵は、これに該当しないものというべきである」

ハ．そして、建物が転々と流通した場合についても、「建物の所有者は、自らが取得した建物に建物としての基本的な安全性を損なう瑕疵がある場合には、第1次上告審判決にいう特段の事情がない限り、設計・施工者等に対し、当該瑕疵の修補費用相当額の損害賠償を請求することができるものと解され、上記所有者が、当該建物を第三者に売却するなどして、その所有権を失った場合であっても、その際、修補費用相当額の補填を受けたなど特段の事情がない限り、一旦取得した損害賠償請求権を当然に失うものではない。」と判示しました。

❻　第2次差戻審　福岡高判H24.1.10　判時2158-62

　　ここでは「基本的な安全性の有無について実質的に検討するのが相当である。」と判示して、たとえば、ひび割れについては当該箇所や程度から構造耐力に悪影響があるか否かを検討するなど、瑕疵判断の基準を示しており、実務上参考になると思われます。

　　是非、原文にあたっていただきたいと思います。

4．建設業者の専門家性について

(1)　長野地諏訪支判H21.5.13　判時2052-79

　本件は、発注者が建設会社に建築請負工事を発注したが、基礎工事の段階から工事瑕疵が続出したので、施工技術に疑問を抱き請負契約を中途で解除した事案です。

　建設業法では許可基準として、営業所ごとに一定の要件を満たす専任技術者を置くことが定められているにもかかわらず、この建設会社が専任技術者として届け出た者が、建築設計事務所を経営していて「専任」の要件を満たさないものであることが分かったため、発注者が県に対し、この許可申請自体が偽装申請であると告発し、その結果、県はこの会社の建設業の許可を取り消したという事情が背景にありました。

116

6 直接の契約関係にない場合の専門家責任

　このような事案の下で、裁判所は判決の中で、建設業法の趣旨、目的等は「資力、信用に問題のある業者が多く、また、工事の施工能力の劣悪な業者も少なくないなどといった建設業の実情にかんがみ、建設工事の適正な施工を確保し、建設業の健全な発達を促進するため、必要な規制を行うとともに適切な保護を加えることとして」、建設業法の第一条が規定されていると判示したうえで、さらに「建設業の第一の目的は、建設工事の適正な施工を確保し、発注者を保護することであり」「第二の目的は建設業の健全な発達を促進することにあり」と判示して、発注者たる原告の利益は同法第一条により保護された利益であると認めております。

　そして、県は「専任」の要件を満たすか否かについて審理を尽くしたとはいえない、と判示して、本判決は県の国家賠償責任を肯定しました。

117

7 損害賠償についての論点

7 損害賠償についての論点

　　ここでは、欠陥住宅訴訟を提起したとき、損害賠償を巡ってよく議論される論点をとり上げてみたいと思います。
　「建替費用」「居住利益」「慰謝料」「価値減額分の損害」を巡る議論は、一般的な債務不履行、不法行為による損害論では処理しきれない、いわば建築紛争に特有の論点を数多く提供してまいりました。
　　言い換えると、これらの論点を知ることは、建築紛争による損害とは何かを改めて深く議論するための素地となります。そこで、これら論点を取り上げて議論してみたいと思います。

1．建替費用について

(1) 建替費用を巡る議論について

❶ ここでは請負契約を中心に、その損害論を議論していくことにします。
　民法634条2項には「注文者は、瑕疵の修補に代えて、またはその修補とともに、損害賠償の請求をすることができる」と規定されております。
　そこで、ここでいう「損害賠償」とは、建物の修補費用をいうのか、それともこれにとどまらず、建替費用をも含むのか（以下、建替判決と表現します）という形で議論が展開されました。これが当初の建替費用を巡る議論でした。
　ところが、つぎに巻き起こった議論が民法635条の本文では目的物に瑕疵があれば請負契約を解除できると定めているが、同条にはただし書があって「ただし、建物その他の土地の工作物については、この限りでない」と規定されているとの議論です。つまり、建物にあっては重大な瑕疵があっても請負契約を解除できないのだから、解除と同様の結果ともいえ

118

　　　　　　　　　　　　　　　　　　　　　　　　⑦　損害賠償についての論点

る建替判決は出せないとの解釈が起こり、この解釈を巡って議論が展開されました。

　従来は、建物が建設され完成すると社会的資本のひとつを形成することになり、この完成した建物を壊して新建物を建設しようとするのは社会資本の破壊にあたり、社会的損失ではないか、と考えられてきましたので、瑕疵によって契約の目的を達成することができないからといって契約の解除を認めると、何らかの利用価値があっても請負人はその工作物を除去しなければならず、請負人にとって過酷で、かつ、社会経済的な損失も大きいので、同条ただし書が設けられた、と解釈されてきたわけです。

　ところが、新築建物を注文したり購入したりした人からすると、次から次へと不具合や瑕疵が発見されると、もう直すよりは新しく建て替えてもらった方が早いのではないか、あるいは修補されたのでは中古物件のようで嫌だと考えるようになりました。こうして、消費者側からは建替判決を求める傾向の強いことは「①　相談、受注にあたっての留意事項」で既に述べたとおりです。

❷　そして、判例の流れを見てみますと、当初は上記のような理由から、建替判決は法律の解釈上認められないと、否定的に考えられてきました。

　ところが、建替判決も可能であると、徐々に認められる場合がある旨の判決がでて、判例の流れに変化が生じてきましたので、その流れを理由付けとともに振り返ってみたいと思います。

イ．まず、下級審で建替費用を認めた判決を紹介します。

＜判例紹介＞

　・大阪高判Ｓ58.10.27　判時1112－67

　本件は、４階建ビルの建築工事について、建物の主要構造部分に重大な欠陥があり、右瑕疵の修補は建替えによるしかないとして、建替え費用相当額等を瑕疵修補に代わる損害として認容した判決です。

　すなわち、本判決は、本件建物の瑕疵を詳細に認定したうえで、本件建物の主要構造部に重大な欠陥があり、構造上その安全の保持を期し得ない危険なものであって、その瑕疵の修補は建替以外には不可能もしくは著しく困難であるとして、瑕疵担保による損害賠償責任の履行利益は、瑕疵のない目的

119

７　損害賠償についての論点

物の価格相当額であり、それは建替費用相当額といえる、と判示して建替費用を損害と認めました。

　この建替判決に対しては、当時、損害賠償について履行利益説の立場から批判が起こりました。つまり、履行利益の賠償はどこまで及ぶのかといった観点から議論され、瑕疵修補が不能な場合の損害賠償は瑕疵の存在による客観的な価値の減少額であるから建替費用相当額は認められない、とする批判がされました。

ロ．同様に、民法634条2項の瑕疵の候補に代わる損害賠償の範囲は、履行利益であると解したうえで同様に、建替費用の損害賠償を認めた判決を紹介します。

＜判例紹介＞

・大阪地判Ｓ59.12.26　判タ548－181

　本件は、木造二階建建物の設計監理及び施工を金1108万円で請負わせ、完成引渡後に多数の「基本的、構造的部分に重大な瑕疵があること」が分かり、約1600万円の損害賠償金の支払いを求めたところ、これら瑕疵を修補するには「多額の費用を必要とし、その他経費上も、個々の部分的な修補より新規に建て替えた方が経済的であること、したがって、本件建築工事の瑕疵を修補するためには、結局、本件建物を建て替えるのと同程度の規模の工事を必要とすることが認められ…」と判断して、建替判決を認めるに至っております。

ハ．ところが、上記の二つの判決は、履行利益の賠償として建替相当の損害賠償が認められるかという観点から議論されてきましたが、新たに、建替相当の判決を認めることは民法635条ただし書の解釈として認められないのではないか、との問題提起がされました。
　その判例がつぎの2つの判決です。

＜判例紹介＞

・神戸地判Ｓ63. 5. 30　判時1297－109

7　損害賠償についての論点

　この判決は、建物には随所に請負契約や建築基準法、同施行令に違反する瑕疵があり、全体としては修補不能であると判断するものの、民法635条1項ただし書を理由に建替費用は認められないと判示しております。

　そして、瑕疵による目的物の客観的な交換価値の減少を基準として、損害を認めるのが相当であると判示したうえで、右価値の減少額を認める証拠はないとして、結局は、損害を否定しております。

・東京地判Ｈ3.6.14　判時1413-78

　車庫に乗用車を入出庫させることができない等の瑕疵があるとされた事例で、この判決も、同瑕疵の修補が不能であるとして、瑕疵があるがために本件建物の客観的な交換価値が減少したことによる損害が、財産上の損害であると判示しております（そして、民法634条1項ただし書を理由に建替費用は認められないと判示した）が、右価値の減少部分を認める証拠がないとして、この判決も損害を否定しております。

ニ．ここで、下級審の判決の論理を整理してみましょう。

　　請負人の瑕疵担保責任として、注文者は瑕疵修補の請求権と損害賠償請求権を有することは前述したとおりです（民法634条）。

　　ここでいう損害賠償請求というのは履行利益をも含むと解されるため、瑕疵と相当因果関係にある限り、建替費用相当額の損害賠償も認められることになると解釈します（ただし、履行利益の賠償としては建替費用が含まれず、価値減少分の損害にすぎないとの解釈もありました）。

　　さらに付け加えて、民法634条1項ただし書には「瑕疵が重要でない場合において、その修補に過分の費用を要するときは、この限りでない。」と定めて、この場合に瑕疵の修補を認めない旨を規定しているが、この反対解釈として、瑕疵が重要な場合には、過分の費用を要するときでも（瑕疵修補に代わる）損害賠償ができることになると解釈し、建替判決は民法634条の容認するところであると主張したわけです。

　　この解釈論者に対し、建替判決否定論者は、民法635条ただし書の存在を指摘して、建物等にあっては、瑕疵があって契約の目的を達することができないときでも、契約の解除を認めていないのだから、ましてや、契約解除と同等以上の効果を有する建替費用相当額の損害賠償も同様に認めら

121

れないと主張します。加えて、同条の趣旨は、解除を認めると完成した建物を取り壊さねばならず社会経済的損失が大きいからで、否定説には合理性があると、主張しています。

こうして、建替判決の是非について、当初は民法634条の解釈論が議論され、履行利益の賠償としては建替費用相当額を損害と認めるべきであるという主張がされるなど、民法634条を巡って議論されました。ところが、この議論に加えて、民法635条ただし書の解釈を巡っての議論も起こり、建替判決は認められないとの判決が下されるなど、下級審の判断が対立していたので、最高裁判所の判断が待たれたわけです。

❸　最高裁判所の建替判決について
＜判例紹介＞

・最判 H14. 9.24　判時1801－77

本件は、三世帯居住用の木造ステンレス鋼板葺二階建建物の建築工事を代金4352万2000円で発注（請負契約）したところ、全体にわたって極めて多数の瑕疵があるうえ、主要な構造部分について安全性および耐久性に重大な影響を及ぼす瑕疵があるとして、建替費用等の損害賠償請求をした事案です。

これに対して、被告は瑕疵の存在を争うだけでなく、瑕疵があるとしても修補可能であり、修補が不可能としても民法635条ただし書により、建替費用を損害としては認められず、客観的価値の減少による損害に限られると主張し、争っています。

そして、最高裁判所は以下のように判示して、建替費用を認めても民法635条ただし書には反しないと判示しました。

すなわち、「請負人が建築した建物に重大な瑕疵があって建て替えるほかはない場合に、当該建物を収去することは社会経済的に大きな損失をもたらすものではなく、また、そのような建物を建て替えてこれに要する費用を請負人に負担させることは、契約の履行責任に応じた損害賠償責任を負担させるものであって、請負人にとって過酷であるともいえないのであるから、建て替えに要する費用相当額の損害賠償請求をすることを認めても、同条ただし書の規定の趣旨に反するものとはいえない。したがって、建築請負の仕事の目的物である建物に重大な瑕疵があるためにこれを建て替えざるを得ない場合には、注文者は、請負人に対し、建物の建て替えに要する費用相当額を

損害としてその賠償を請求することができるというべきである」。

こうして、最高裁判所は上記２つの議論について判断を下したわけです。

❹ 建替判決の歴史的背景について

最高裁判所が建替判決を認めるに至った背景として、私は建築生産の仕方（現場）に変化が生じてきたことも影響したのではないかと考えております。

もともと民法制定時には、建築生産は現場での一品生産といった色合いが強く、完成した以上はこれを修補して使うべきとの考え方が根強かったのではないでしょうか。だからこそ民法635条ただし書で、建物その他の土地の工作物について契約解除を認めないと定めたように思います。

しかし、現在では、工場で部材の大量生産を行い、現場は単なる組み立て作業所といった色合いが強くなってきました。職人の世界ではなくなってきたと言い換えてもよいかもしれません。その意味で、建築物も市場の商品のひとつと同等に見られるようになったといえそうで、それが消費者からの批判のもととなり、裁判所も何となく突き動かされて、結果として建替判決に至ったのではないかという気がしております。

(2) 最高裁判所の判決の射程距離について

❶ 最高裁判例の考え方

以上の最高裁の判例は、以下のように分析されます。

ア「建物全体の強度や安全性に著しく欠け、地震や台風などの振動や衝撃を契機として倒壊しかねない危険性を有する」ような重大な瑕疵があり、かつ、イ「技術的、経済的にみても」建て替えるほかはないような場合には、建替費用相当額の賠償請求が認められるべき、と判示していると理解できます。

ところで、最高裁判所の判旨をみると、直接にはアの部分のみを判示しているように読めますが、本件の原審（東京高判Ｈ２.１.23）では「技術的、経済的に見ても、建て替えるほかない」旨を認定しており、この事実関係を前提に「建て替えるほかない」旨を判示しているので、アであり、かつイの場合に建て替えを認めた判例といえます。

7 損害賠償についての論点

❷ 残された課題

イ．こうして最高裁判所はアとイの要件を充足すれば、建替判決を容認する
　ということになりますが、それでは常にアとイの２つの要件が必要だろう
　かといった問題が提起されておりますので、これ点を議論してみましょ
　う。
　　たとえば「倒壊しかねない危険性」を有するものとまではいえないが
　（その意味で重大とはいえないが）、瑕疵が数多く、瑕疵を除去するのに
　「技術的、経済的にみて」建て替えるしかない場合についても、建替費用
　の損害を認めることが可能か、という問題が指摘されております。
　　私は、この場合でも、修補費用より建替費用が安価であれば、これを認
　めるのではないだろうかと思います。この点について参考となる下級審の
　判例を紹介しておきます。

＜判例紹介＞

・神戸地判H23．1.18　判時2146-106、判タ1367-152

　本件は、最高裁の建替判決では未解決だった事案、つまり、安全性、危険
性につながるような重大な瑕疵ではないが、技術的経済的にみたとき、修補
するより建て替えた方が安上がりの場合に、建替費用の賠償を認めた下級審
の判例です。
　本件建物の修補に要する費用は合計2683万5000円であるところ、建て替え
ると2427万円であると認定し、瑕疵の修補を行うのに複数の工事方法が考え
られる場合には、最も安価な工事方法による費用をもって相当因果関係にあ
る損害と認めるのが相当であるとしております。

ロ．もうひとつの課題としては、最高裁判所の上記建替判決では判断がされ
　なかった点があります。それは、原審の東京高裁が５年間居住したことに
　よる利益を600万円と評価して賠償額からの控除をした点についての判断
　です。
　　この点は次項で論じることにいたします。

7 損害賠償についての論点

2．損益相殺（居住利益）について

　建替費用相当額の賠償を認める判決に対しては、（既述したように、民法635条ただし書に反しこれを認めるべきではないとの批判が起こるだけでなく）当然に判決時までの居住利益は控除すべきではないか、との批判がされるようになりました。

　まず居住利益控除説の根拠を見てみましょう。

⑴　居住利益控除説

　建替費用相当額の賠償が認められた場合、注文者は再度新築建物を取得できるのだから、それまで建物に居住していた利益は公平の観点からこれを控除すべきであるとする考えです。

　つまり、判決後に賠償金で建物を建て替えて新築すると、建物の耐用年数が伸長されることになります。しかも、建替前まで倒壊等の重大な支障を生ずることなく、一応は住居としての役割を果たしてきたのは事実だから、建替前までの居住利益分は一種の不当利得であると考えられます。たとえば、アパートで家賃をとっていた場合にはその利益性が顕著にお分かりいただけるのではないでしょうか。

　そして、居住利益については、瑕疵の状況を考慮して使用利益相当額を決定したうえで、これを控除するのだから、より公平性に資するとも主張されています。

　ところで、上述した最判H14. 9.24（判時1801 - 77）の事件をみてみると、一審判決では、建替費用を認める一方で、居住利益控除を否定しておりましたが、二審判決では建替費用を認めるも居住利益控除を600万円認めました。ところが、最高裁では建替えの適否のみが争点とされ、居住利益控除の点は争点にならなかったため、最高裁の判断はこのとき下されませんでした。

⑵　最判H22. 6.17　判時2082 - 55

　このような居住利益控除説に対し、最高裁は以下のように述べて、この居住利益控除説を否定しました。

　「売買の目的物である新築建物に重大な瑕疵があり、これを建て替えざるを得ない場合において、当該瑕疵が構造耐力上の安全性にかかわるものであ

125

7　損害賠償についての論点

るため建物が倒壊する具体的なおそれがあるなど、社会通念上、建物自体が社会経済的な価値を有しないと評価すべきであるときには、上記建物の買主がこれに居住していたという利益については、当該買主からの工事施工者等に対する建て替え費用相当額の損害賠償請求において損益相殺ないし損益相殺的な調整の対象として損害額から控除することはできない…」

　そして、「本件建物には…のような構造耐力上の安全性に関わる重大な瑕疵があるというのであるから、これが倒壊する具体的なおそれがあるというべきであって、社会通念上、本件建物は社会経済的価値を有しないと評価されるべき…損益相殺…として損害額から控除することはできない。」と判示いたしました。

　また、「…本件建物を建て替えることによって、…結果的に耐用年数の伸長した新築建物を取得することになったとしても、これを利益とみることはできず…」と判示しております。

　結局、最高裁判所は構造耐力上の安全性にかかわる重大な瑕疵があって、社会通念上、社会経済的価値を有しないと評価されるべき場合には居住利益を控除できないとし、この場合に控除しなくても耐用年数の伸長を利益とはみられないと判断したものといえます。

⑶　課題

　この居住利益否定判決の射程距離については、課題が残りました。

　つまり、建替判決の場合であっても、その射程距離として、たとえば、重大な瑕疵はないが、技術的、経済的に建て替えた方がよい場合に、建替えは可能であるかという課題が残りましたが、同様に、重大な瑕疵ではないが技術的経済的理由で建替判決を下した場合には、果たして居住利益を否定できるだろうかという問題が残ったわけです。

3．その他の損害項目について

⑴　慰謝料

❶　建物に瑕疵があっても慰謝料は不要という考え方（否定説）

　この考え方は、建物に瑕疵があるというのはまさに財産権自体の侵害と理解されるところ、「財産権が侵害された場合には、その財産的損害が賠

償されれば、特段の事情がない限り、精神的損害も回復するので、慰謝料請求することはできない。」とする考え方です（大阪高判H13.11. 7　判タ1104-216。同旨、後藤勇「請負に関する実務上の諸問題」判例タイムズ社102頁）。

この考え方に立ったとしても、財産的損害の賠償を受けただけでは償いきれない精神的苦痛を被ったといった特段の事情が存在し、相手方がこれを予見しまたは予見し得た場合には、別途、慰謝料を認めることになります。

❷　慰謝料原則必要型の考え方（肯定説）

この考え方は、財産権侵害だからといって財産的な交換価値が回復すれば、すべて解消したといえるのだろうかと疑問を呈します。

そして、建物の瑕疵は㋑新築家屋に居住する夢を奪われ、修補して中古住宅になってしまう無念さ、㋺平穏・安全・快適な生活を継続的に侵害し、長年の夢・期待の実現を阻害するものであって、単なる財産的被害のみではない、しかも、㋩被害の重大性・継続性、㋥手抜工事や監理があれば加害性、悪質性が加わり、㋭老後の対応の仕方も考慮されるべきであるから、財産的損害の回復をもってして、精神的損害がすべて回復されるわけではない、と主張しています（松本克美「欠陥住宅被害における損害論」立命館法学280号26頁）。

❸　考え方の背景について

私は、建築物というものの生産の仕方をどう理解するかで、考え方が分かれるのだろうと思います。

たとえば、建築というのは職人が行う現場での一品生産行為であると考えれば、完璧なものが完成後引き渡されることは、期待はしていても現実的ではないということになりそうです。つまり、瑕疵修補は当然に起こり得ることであって、これは修補することで解消される。言い換えると、引渡後も施主と施工者とが協同作業で直しながら完全な建物へと完成度を高めていくという、昔ながらの大工の考え方が基盤にあると思います。

したがって、慰謝料が問題となるのは修補をしないがため（あるいは不誠実で遅くなったがため）思わぬ損害が生じたり、拡大したりした場合にあるという考えになります。

127

7 損害賠償についての論点

　以上が、❶の考え方といえます。

　ところが、今では工場で部材が画一的に大量生産され、職人といわれる人達がいなくなり、現場では部材の組立て作業のみを行う場合が多くなってきました。そのような実態を直視すると、生産体制の充実化を図ることで完璧なものを提供できるのではないかと考えることも可能となってきました。そうなれば、「建物を建築すること」は大量生産体制のひとつとみられ、市場での商品の売却のひとつと同視できることになるので、できる限り完璧なものを提供すべきであり、それは期待の域を越えて法的義務となっていると考えることも可能になってくるのではないでしょうか。

　この立場からは、完璧でない商品を受領した側の痛みに着目して、しかも消費者が被害者であるとの面を強調して、原則として慰謝料が支払われるべきであるとの考え方になりそうです。

❹　判例の動き

　慰謝料が争われた事件をみると、肯定例と否定例があり、メルクマールを見出すことは難しいと思われます。ただ肯定例をみると、❶説の立場に立って、財産的損害が回復されたとしても回復されない事情（慰謝料算定事情）があるか否かを検討して、慰謝料を肯定しているというのが一般的なようです。

　否定例の判例にあっては、当然に❶説に立って議論しておりますが、肯定例の判例をみると、❶説に立ちつつ「回復されない事情（慰謝料算定事情）」の認定を緩やかに解釈している、という印象を受けます。

　そして、肯定した判例の中には、たとえば実際の修補費用が、見積額以上になる可能性があるが現時点では算定ができないと判示するなど、財産的損害の補完的意味で慰謝料を認定しているものも散見されます。この点は、検討に値する指摘だと思います。

＜コメント＞

　ただ「回復されない事情（慰謝料算定事情）」とは何を主張（認定）したらよいのか、裁判所の気分次第では困りますので、ひとつの提言をしてみたいと思います。

　上記❸で述べましたように、建築生産の現場の実態に即して判断してみてはどうでしょうか。つまり、社会的にみて、建物の商品化がどの程度進んで

いるのか。たとえば、昔に比べて今では、デベロッパーやハウスメーカーから建物を取得することが多くなってきました。この場合には、建物取得者が施主のような立場で建物の生産にはかかわらなくなり、あたかも自動車を購入するかのように建物を購入しているのかもしれません。そのようなケースであれば、慰謝料肯定型に傾きやすくなりそうです。

あるいは、昔ながらの大工のような業者に頼んでいるとすれば、大工の力量からみてアフターサービスにより完成を目指す施工の仕方を容認しているのかもしれません。この場合であれば、慰謝料否定型に傾くのも頷けます。また、大工が実際にもアフターサービスに力を入れて誠実に対応しているか否かも考慮すべき事情のような気がします。

これら諸々の事情を考慮して慰謝料を判断していってはどうでしょうか。

(2) 価値減額分の損害について

❶ 損害＝価値減額分

「価値減額分の損害」というのは、もともとは売買契約した建物に瑕疵があった場合に認められることが多いと思いますが、既にみてきたように、請負契約に基づいて瑕疵担保責任を追及する際にも、よくみられる損害主張でもあります。たとえば、建替判決は法が認めていないとしたうえで、その場合には価値減額分が損害となると判示している判例などがそれです。

その判例としては、既に解説したもので、以下の判例です。

・神戸地判Ｓ63.5.30　判時1297-109
・東京地判Ｈ3.6.14　判時1413-78

---

❷ 損害≠瑕疵修補費用

ところが、古い判例ですが、もう少し違った角度から欠陥建物の損害とは何であるかを検討する過程で、この場合の損害は瑕疵修補費用ではなく、価値減額分であると判示した注目すべき判例があります。

＜判例紹介＞

7　損害賠償についての論点

・東京高判Ｓ44.2.10　判時555−50

　この事案は、ビル中の特定の一区画をビル建築中に購入した、といった売買契約による瑕疵事案でした。本判決は、本件分譲契約は製作物供給契約であるとして、民法634条を適用して瑕疵担保責任を認め、その損害算定にあたって「瑕疵の修補に代えて損害の賠償を請求することができ、その損害は特段の事情の認められない本件においては、居宅部分の売買代金を基礎として算出した減少面積についての代金相当額である…」と判示して、結局、瑕疵修補費用ではなく、価値減額分を損害と判示しております。

❸　損害＝瑕疵修補費用＋建物の時価（交換価値）の減価
　　つぎに、瑕疵修補費用を認めただけでなく、これに加えて、欠陥建物であったことで建物の時価（交換価値）が減価していると指摘して、その差額分をも損害として認めた判例を紹介します。

＜判例紹介＞

・福岡地判Ｓ61.7.16　判タ637−155

　この判決は、締結した請負契約書に設計図書が添付されていないため、当事者が契約した建物の完成とは何かが不明であると判断したうえで、「…本件においては、結局、社会通念上最低限期待される建物の性状を基準として決するほかない。この場合、建築基準法は建物の構造設備等に関する最低の基準を定めており、…契約当事者は同法所定の最低基準による意思を有していたものと推認するのが相当である。」と判示して、建築基準法違反の施工を瑕疵と認定しております。今では、このように判断するのが当たり前のように思われるかもしれませんが、当時としては、契約図書の不備の多い建築紛争は瑕疵判断が難しいと考えられ、裁判所も瑕疵を認定しにくい事案だったはずで、画期的な判断をしたと評価できます。
　こうして瑕疵を認定したうえで、損害について「本件工事瑕疵の修補に代えて賠償を請求し得る損害は、次のとおりと認めるのが相当である。」と判示して、①瑕疵修補費用合計67万円だけでなく、②本件工事代金額と本件建物の時価との差額損害である440万8000円をも損害と認めています。

130

　　　　　　　　　　　　　　　　　　　　　　　7　損害賠償についての論点

　この差額損害②の認定にあたって、判例は、「…本件建物の価値は、前記
①の修補をしても1859万2000円しかないことになる。これに対し、原告が被
告…に支払った土地代金は少なくとも2300万円であるから、その差額…円は
…の瑕疵並びに右代金相当額の工事がなされなかったために原告の被った損
害というべきである。」と判示しています。普通なら瑕疵を修補すれば、損
害は回復すると考えることが多いと思いますが、一種のキズものとなって価
値が落ちるとの認定はなかなか味のある判決だといえそうです。

> ・横浜地判Ｓ50.5.23　判タ327－236

　本件は、木造住宅の建築を請け負った原告の請負代金請求に対し、注文主
の被告が、工事は未完成だから請負代金支払義務は発生しないと争い、予備
的に不完全履行による損害賠償請求権による相殺と損害賠償を求めた事案で
す。
　本判決は、注文主の損害として、①修補工事のための費用だけでなく、②
「修補によっても正常性を完全には補正回復できないための本件建物の減額
（価値逸失）額」を損害と認定し、その合理的評価方法は「本件建物価額
は、不完全履行のなかりし場合に対比して、減額を免れないのであって、そ
の減価の額は、新築工事の適正見積額を先ず算定した上で、その額の1割と
評価する」べきと判示しています。

131

8　同時履行と相殺について

8　同時履行と相殺について

　　ここでは、建物の完成・引渡しを受けるもいまだ請負代金の未払い
が残っている段階で、建物の施工に瑕疵が見つかったとき、施主側と
してはどのように対応したらよいか、議論してみたいと思います。
　　瑕疵を修補させたい施主としては、施工業者に対し残代金を支払わ
ずに留保したままで、修補のための話し合いをすることが多いと思い
ます。しかし、施工業者の方では、瑕疵を認めずアフター工事として
残金受領後に行うから、まずは支払ってもらいたいと主張する場合が
少なからず見受けられます。また、瑕疵は認めるも、下請への支払い
をしないと大変なことになるので残金受領後に修補するとして、お願
いされる場合も多いようです。あるいは、施工業者のなかには強硬に
残代金の支払を求めてくる場合もありますので、施主としてどのよう
に対処したらよいでしょうか。
　　あくまでも、施主が支払いを拒否し続けても不利益はないのでしょ
うか。その法的根拠や法的構成はどう考えたらよいのでしょうか、と
いう悩みをここで検討してみたいと思います。

1．残工事代金の支払いについての注意点

⑴　この場合に、工事がいまだ完成していないのだから建物の引渡しを受け
ていないと主張して、残代金の支払時期が到来していないといって支払拒
否して争う事件が多発した時代があったことは、「3　建築請負契約にお
ける瑕疵責任」のところで述べたとおりです。
　　しかし、いまでは瑕疵修補請求権と残代金支払請求権との間の同時履行
の抗弁権の行使を認めており、あるいは瑕疵修補請求に代わる損害賠償請

求権と残代金支払請求権との間で相殺権の行使を認めておりますので、前記のような迂遠な主張をせず、端的に対応できるわけです。

では、同時履行の抗弁を主張した方がよいのか、相殺の主張の方がよいのか、どちらを主張しても同じなのか、などといった点を以下で議論してみたいと思います。

(2) 最初に、施主の立場に立って議論してみたいと思います。

施工に瑕疵が見つかった場合、普通、施主は施工業者に修補するよう要求する場合がほとんどなのではないでしょうか。この瑕疵を当該施工業者に修補させるのではなく、他の業者に依頼すると決めている施主は少なく、ましてや、何処の業者にいくらで依頼できるのかなどについて、この段階で決めている施主は少ないのではないかと思います。

このように、瑕疵修補を施工業者に頼むつもり、あるいは誰に修補させるかハッキリ決まっていない場合には、施主は施工業者に対し瑕疵の修補を請求して、残代金支払いとの同時履行の抗弁を主張しておくのが無難です。

(3) つぎに、施工業者の対応が悪く信頼できないと感じ、他の業者に瑕疵修補を頼むつもりで、しかも、他業者から見積もりを取るなどして瑕疵修補に代わる損害賠償の額がハッキリしている場合には、相殺を考えてみる必要があります。

たとえば、瑕疵修補に代わる損害賠償額が残代金額を超える場合を考えてみましょう。この場合に施主としては相殺することもできますし、同時履行の抗弁を主張することもできます。いずれの場合でも施工業者の請求する残代金には遅延損害金がつきませんので、この点では、施主にとってどちらを主張しても違いはありません。しかし、この場合に同時履行の抗弁を主張すると、施主の主張する瑕疵修補に代わる損害賠償請求権についても遅延損害金が付きません。しかし、相殺しておけばこれに遅延損害金が付されるため、相殺の方が有利といえます。

他方で、瑕疵修補に代わる損害賠償の額が残代金額を下回る場合には、施主は気を付けないといけません。同時履行であれば、遅延損害金がつきませんが、相殺すると差額に遅延損害金がつくからです。よって、この場合は、同時履行の抗弁権を主張しておく方が有利といえます。

133

⑧　同時履行と相殺について

　　このように瑕疵修補に代わる損害賠償の額があらかじめ明確になっているのであれば、両方の主張する額を比較して、同時履行の抗弁を主張するか、相殺を主張するか、を考えるのが正しい対応といえそうです。

⑷　しかし、問題は当事者の主張どおりに損害額を裁判所が判断してくれるわけではない点にあります。たとえば、施主の主張を全部認めたり、一部しか認めなかったり、また、施工業者の言い分についても同様で、損害賠償額や残代金額について当事者の主張と裁判所の判断が異なってしまうこともあります。

　　また、施主のなかには嫌がらせ目的で瑕疵主張をする者もいます。たとえば、施主の主張する瑕疵修補に代わる損害賠償の額が過大請求であるとして大幅に減額されたとき、施主の同時履行の主張を認めて、施工業者の残代金請求に遅延損害金を付さないというのは公正・公平に反しないだろうか、という疑問が生じます。

　　その辺りを巡って、興味深い判断をしている判例がありますので、以下に紹介したいと思います。

2．同時履行の抗弁の主張についての判例

⑴　最初に、同時履行の抗弁の主張について、知っておくべき重要判例があるので紹介しておきます。

＜判例紹介＞

　・最判Ｈ9．2．14　判タ936－196

　この判例は、施主が同時履行の抗弁を主張したところ、残代金1196万円余、瑕疵修補に代わる損害額82万円余を認定した事実関係をもとに、この程度の軽微な瑕疵であっても、施主は残代金全額について同時履行の抗弁を主張できると判示した判例です。

⑵　しかし、これでは施主は嫌がらせ目的でちょっとした瑕疵を見つけ出して瑕疵主張すれば、残代金支払いを引き延ばせることになってしまい、妥

⑧ 同時履行と相殺について

当でない事案もありそうです。

　そこで、以下の3つの判例がでてきました。

＜判例紹介＞

・福岡高判H9.11.28　判時1638-95

　信義則上、同時履行の抗弁権を否定した判例です。

　注文者の主張する瑕疵が、主として柱と建具の間のわずかな隙間でその修補費用が46万円余であるのに対して、残請負代金債権が1325万円であるという事情、請負人の請求に対し、注文者が何度も支払いを約束しながらそれを反故にし、その挙句に瑕疵があると主張したが、具体的な瑕疵の箇所を指摘することなく支払いを拒み続けたという事情から、信義則上同時履行の抗弁権を主張できないとしたものです。

・東京高判H12.3.14　判タ1028-295

　これも信義則上、同時履行の抗弁権を否定した判例です。

　瑕疵修補に要する費用が未払残金額の約5.5％にすぎないこと、瑕疵の内容も建物の使用と無関係で違和感がないこと、被告により2年近くそのまま使用されていること、一方で被告は本訴前に修補請求と引換えに残代金を支払うと主張したことがなく、原審の釈明にかかわらず相殺の主張をしないことなどから、被告は残代金からすると軽微と評しうる瑕疵を理由に従前の態度を翻して実現可能性の乏しい瑕疵修補との引換給付を主張するに至ったとして、信義則上同時履行の抗弁権を主張できないとし判断したものです。

・東京高判H16.6.3　金融商事判例1195-22

　この判例は、施主が同時履行の抗弁権を主張したのに対し、施工業者から相殺したという事案で、請負者による相殺を認めたという面白い事案です。

　一審は、施工業者の施主に対する残工事代金（追加工事を含む）を金443万円強と認め、施主の施工業者に対する瑕疵修補に代わる損害賠償金を金438万円強と認定し、両者を同時履行の関係にあると判断しています。

　ところが、控訴審では、施工業者側が平成16年5月13日の口頭弁論期日に

135

8 同時履行と相殺について

本件工事代金と対等額で相殺していることを前提にして、残工事代金額を金
457万円強と認定し、施主の瑕疵修補に代わる損害賠償金を204万円強と認定
したうえで、「両債権は同時履行の関係にある（民法634条2項）とはいえ、
相互に現実の履行をさせねばならない特別の利益があるものとは認められ
ず、金銭との引換給付を命ずる判決の強制執行手続上の難点をも併せ考える
と、両債権の間で相殺を認めても、相手方に対し抗弁権の喪失による不利益
を与えることにならないし、両債務の清算履行上も合理的であり…」とし
て、後述する相殺に関する最高裁判所の判示を引用して、相殺の意思表示を
した日の翌日から遅延損害金がつくと判示しております。

3．相殺についての判例

⑴　最高裁の判例

　最高裁判所は、平成9年に同時履行の抗弁に関する判決だけでなく、相殺
に関しても、実に重要な判決を下しました。

　とくに相殺については、相殺適状時に遡るのではなく、「相殺の意思表示
の日の翌日」から遅延遅滞に陥るとの判示をしましたので、ご注意下さい。

＜判例紹介＞

> ・最判Ｈ9．7．15　判タ952−188

　この判例は、施主からの相殺の事案で、相殺後の残債務について、相殺の
意思表示をした日の翌日から履行遅滞による責任を負担する旨を判示した事
件です。

　本件は施工業者が施主に対し、残工事代金を支払わないため、訴訟を提起
したところ、施主から引渡遅滞による約定の損害賠償債権と瑕疵修補に代わ
る損害賠償債権とを自動債権として、残工事代金債権と相殺する旨の意思表
示をした事案で、控訴審は相殺適状になった日の翌日から遅滞に陥るとしま
した。

　これに対し、最高裁は「請負人の報酬債権に対し注文者がこれと同時履行
の関係にある目的物の瑕疵修補に代わる損害賠償債権を自動債権とする相殺
の意思表示をした場合、注文者は、請負人に対する相殺後の報酬残債務につ

いて、相殺をした日の翌日から履行遅滞による責任を負うものと解するのが相当である。」と判示しております。

この理由について、最高裁は「けだし、瑕疵修補に代わる損害賠償債権と報酬債権とは、民法634条２項により同時履行の関係に立つから、注文者は、請負人から瑕疵修補に代わる損害賠償債務の履行又はその提供を受けるまで、自己の報酬債務の全額について履行遅滞による責任を負わないと解されるところ（平成９年２月14日の同時履行に関する最高裁判例を掲げる）…相殺する旨の意思表示をしたことにより、注文者の損害賠償債権が相殺適状時にさかのぼって消滅したとしても、相殺の意思表示をするまで注文者がこれと同時履行の関係にある報酬債務の全額について履行遅滞による責任を負わなかったという効果に影響はないものと解すべきだからある。」と判示しております。

⑵　残された課題

❶　最高裁の上記理由づけを前提にしたとき、以下の課題が残ることになります。

瑕疵修補に代わる損害賠償債権が除斥期間を経過した場合でも、これを自動債権として相殺することは可能とされる（最判Ｓ51.3.4　民集30－2－48）という判例があります。

だとしたら、相殺の意思表示が除斥期間経過後にされた場合、相殺後の残債務が履行遅滞に陥る時期は何時になるか、といった問題が残ることになります。

❷　同時履行の抗弁について、下級審が信義則を理由に否定した判決が出ております。

このような事案で相殺の主張をしたとしたら、相殺適状時に遡って遅滞の責任が生ずるのでしょうか。

9 建築基準法違反建物を巡る紛争と裁判

9　建築基準法違反建物を巡る紛争と裁判

　前項までは、建築基準法に違反する建築物について、施主や購入者がこれを知らずに建物の引渡しを受けた場合の紛争を取り扱ってきました。

　しかし、この項では、当事者が建築基準法で定めた規制を潜脱しようと共謀しておきながら、当該完成建物を巡って、たとえば、工事残代金の支払いを求めるとか、瑕疵修補の主張をして紛争となり、訴訟が提起されたとき、裁判所はどう対応するのか。つまり、裁判所は法的判断を行って、一方を救済すべきであろうかという問題です。

　この点については、最高裁判所の興味深い判決も出ているので、以下で議論してみたいと思います。

1．単体規定と集団規定

(1)　建築基準法には、単体規定と集団規定といわれる２つの規制が定められています。単体規定は建築の安全や品質確保のための技術基準などを定めた規定で、集団規定は建築物が周辺の環境などに悪影響を与えないように定めた規定といわれています。

　ところで、単体規定については建物の品質に影響しますので、施主は自らこれを脱法して瑕疵建物をつくり出すメリットがないし、施工業者も基本的には防止に努めるはずですので、両者がグルになって、瑕疵ある建物を建築しようとするケースは少ないといえましょう（ただし、施主がデベロッパーのように売り逃げる立場にある場合には、経済的に安くあげたいと思う場合がありますので、別です）。

　その意味では、施主と施工業者側とは利益が対立しているので、単体規

138

定違反が公然と行われることは通常少ないといえそうです。

(2)　ところが、建築基準法のなかの集団規定については、施主と施工業者とがグルになって脱法しようとするケースが生じやすくなります。

　　たとえば、容積率や建ぺい率、北側斜線などについては、より大きな建物を建築したい欲求を有する施主は、専門知識のある施工会社と共謀して、規制を脱法して違法な規模・形態の建築を行おうとする例がないわけではありません。こうして違反建物をつくっておきながら、あとで施主と施工会社との間で代金支払いを巡って紛争になったり、当該建物に思わぬ瑕疵が発生して争いになったりすることもあります。

　　この場合に、裁判所が救済の手を差し延べるべきであろうか、これを救済すれば裁判所は違法行為を助長させることにならないか、という問題意識が生じてまいります。

2．考え方の説明

(1)　通説の考え方について

　行政法規に違反する法律行為の効力については、その行政法規が取締法規か強行法規かで分けて考え、強行法規違反であれば効力が否定されるとし、取締法規であれば原則として有効であるが、当該取締法規の保護法益や違反の反社会性、反倫理性など各種事情を考慮して無効か否かを判断する、というのが通説だとされています（判例時報2139－3の解説参照）。

　しかし、当該法規自体が明らかに法律行為の効力を定めているという場合ならいざ知らず、多くの行政法規はある一定の行政上の目的から、一定の行為を禁止または制限して、その違反に対し罰則や行政上の不利益を課している場合が多いと思いますので、簡単に当該条項が強行規定であると解釈できる場合は少ないのではないでしょうか。

　むしろ当該条項は取締法規であるが、当該事案にあっては（これこれの事実関係に照らしたとき）、民法90条の強行法規に違反するといった解釈による操作をすべきであろうと思います。

(2)　建築基準法違反について

139

9 建築基準法違反建物を巡る紛争と裁判

では、建築基準法に違反する場合はどうでしょうか。

建築基準法に定める単体規定は、多分に私的利益の確保に向けられた意味合いが強いと思います。他方で、集団規定にあっては、周辺地域への悪影響といった公益的側面が強くなるように思えます。したがって、集団規定違反といえる場合には無効として取り扱うべき、との判断に傾きやすいのではないでしょうか。

もちろん考慮されるべきはそれだけではなく、違法建築物にあっては事後的な是正が可能である点をどう考えるかとか、契約を無効とした場合の取引の安全は大丈夫かとか、当事者間の公平は保てるのか、などの諸要素を検討して、結局のところ、事案ごとに判断していく必要がありそうです。

たとえば、学説の中にも、建設工事が完了した場合の当事者の公平の観点から、請負契約を無効として報酬代金の支払拒絶や既払金の返還請求を認めることに慎重な意見や、請負契約を無効とすると、建築された建物の撤去の問題や取引の安全などの面で法律関係が複雑化するとして、請負契約を無効としても行政目的が達成されるわけではないとの指摘もみられます（後藤・諸問題11頁、倉澤・前掲103頁。横浜弁護士会74〜75頁は、工事が完了した場合の相当な報酬請求には信義則上拒否できないなどの調整が必要だとしています）。

また、違法な建築物であることを認識して注文者が発注した場合であっても、官庁から工事停止命令がだされて工事ができなくなったのは、原始的不能というよりも、債権者の責めに帰すべき後発的不能であるから、危険負担の債権者主義により（民法536条2項）、債務者（請負人）は、報酬請求権を失わないと解すべき余地があるとの指摘がされています（栗田哲男「建築法規違反の工事契約の効力」判タ635号37頁以下）。

⑶　では、これまでの判例はどのように考えてきたのか見てみましょう。

＜判例紹介＞

・東京高判 S 53.10.12　判時917−59／高民集31巻3号509頁

本件は建築基準法が定める資格ある建築士による設計・工事監理を脱法して、資格ある建築士に頼まず、結果として違法な建築物を出現させた事案です。

すなわち、軽量鉄骨造3階建のアパートの建築請負契約において、注文者が工事費を安く抑えるために、建築士の資格のない大工に建築工事を行わせた結果、耐火構造が不完全又は欠損しており、構造的にも不完全で地震の際には倒壊のおそれがあり、これを法規に適合するように修補することは不可能に近く、仮に可能としても極めて多額の費用を必要とする建物が建築された事案で、「建築主が法定の建築士たる資格を有しない者との間で、…自らの作成した設計図に基づいて、また右有資格建築士の監理を受けることなくこの種の建築物を建築する旨の請負契約を締結した場合には、右契約の内容をなす工事の施工自体が右建築基準法の規定に違反し、強い違法性を帯びるものであるから、建築主が請負人に対して契約に基づく権利としてかかる違法工事の施工を強制することも、また請負人において右工事を施工したことに対する報酬をその権利として要求することも、共にこれを許すべきではない。」として、当該請負契約は「強行法規ないし公序良俗に違反するものとしてその効力を否定されるべきもの」と判断しました。

もっとも本件においては、控訴人らも被控訴人もともに裁判上本件請負契約が有効であることを前提としてそれぞれの請求をしておりましたので、訴訟当事者の間では右契約の効力自体は争点とされていませんでした。しかし、裁判所は、本件請負契約が強行法規違反ないし公序良俗違反とされる基礎事実自体は当事者の主張中に含まれているところであるから、証拠によってかかる事実の存在が認められる限り、裁判所としては右のような当事者の主張態度にかかわらず、かかる強行法規ないし公序良俗に違反する契約の効力を否定し、これに基づく請求を排斥することができるし、またそうすべきものである旨を判示して、積極的に無効の判断をしております。

<コメント>

上記事案は、建物の構造上の安全性能や耐火性といった建物の品質面で、建築基準法に違反したといえる事例ですが、同時に、火災が生じた場合の周囲への悪環境といった面（集団規定）をも併有している事例とも判断でき、いわば集団規定を共謀して脱法した事案に位置づけられると思います。

<判例紹介>

しかし、もっと端的に、建物の構造上の安全性能についての瑕疵を施主と施工業者等が一緒になって作出した事案で、公序良俗違反とせず、損害賠償

9 建築基準法違反建物を巡る紛争と裁判

を肯定したうえで、過失相殺で処理した判例がありますので、紹介します。

> ・神戸地判H15.2.25　WLJP

　この事案は、施主が2階建建物を建設予定だったところ、ロフト部分を拡げていったため、3階建建物と判断されることになり、構造計算の欠如が指摘されたものです。いくら施主がロフト部分を広げるように要求しても、専門業者としてはこれを拒否すべきであったのに、拒否しなかった点に問題ありということで、施工業者の債務不履行責任を認めました。他方で、施主の方にも過失があるとして、過失相殺5割とした判例です。

　この判例は、構造といった単体規定違反の事案であるといえなくもなさそうです。

(4)　つぎに、最高裁判決で、集団規定に違反した建築物を出現させた事案を以下で紹介します。

<事案の概要>

　本件の事案を簡略化して説明すると、賃貸用アパートの建設にあたり、（あらかじめ注文者側で建築確認申請用の図面のほかに、違法建物の建築工事の施工用の図面を用意したうえで）確認図面に基づき建築確認を申請し、確認済証の交付を受け、いったんは建築基準法令に適合した建物を建築して検査済証の交付を受けた後に、上記施行用図面に従って違法建物の建築工事を施工することを計画し、平成15年5月に施工会社に詳細を説明し、施工会社もこの計画をすべて了承して請負契約を締結し、工事に着工したという、誠に悪質な事案です。

　ところが、その後にA棟地下工事が確認図面と異なる工事であることが役所に発覚したため、是正計画書の作成を求められ、是正工事をせざるを得なくなった。この是正工事を含む追加変更工事を施工して検査済証の交付を受けたうえで引渡完了したということで、施工会社が施主に対し、本工事および追加変更工事の残代金合計2825万円余の請求をしたという事件です。

<一審裁判所の判断>

　一審は残工事代金約2426万円を認め、施主からの瑕疵による損害賠償の反

9 建築基準法違反建物を巡る紛争と裁判

訴1154万円の請求も認容しました。

これに対する控訴審と上告審の判決は大変興味深い内容ですので、以下で
紹介します。

・東京高判 H22.8.30　判時2093-82

建築基準法の規制は、一般公益保護を目的としており、その違反には原則
として、是正命令等の行政上の措置や罰則が予定されており、建築基準法違
反の請負契約だからといって直ちに契約が無効となるわけではないと指摘し
たうえで、当該請負契約が建築基準法に違反する程度、内容、その契約締結
に至る当事者の関与の形態、その契約に従った行為の悪質性、違法性の認識
の有無などの事情を総合し、強い違法性を帯びると認められる場合には、当
該請負契約は強行法規違反ないし公序良俗違反として私法上も無効とされる
べきであると判示しております。

そして、本件マンション建築請負工事契約においては、建築確認取得後に
確認図面上存在しない新たな住戸を増設するといった大胆かつ大規模なもの
で、しかも注文者・請負人が故意に、建ぺい率、容積率違反、北側斜線制限
違反、日影規制違反、耐火構造規制等に違反する悪質な建築基準法違反を企
図したものであるから、同請負工事契約は公序良俗違反により無効であると
して、その有効性を前提とする残代金本訴請求および損害賠償反訴請求がい
ずれも棄却されました。

・最判 H23.12.16　判時2139-3

本件各契約に基づく本件「本工事」の代金については、①本件各契約が、
建築基準法等の規制を潜脱することを計画し、2種類の図面を用意して確認
済証や検査済証を詐取しようとしたものであるという点において、極めて悪
質性が高いこと、②計画された建物は居住者や近隣住民の生命、身体等の安
全にかかわる違法性を有する危険な建物であって、当該違法のなかには事後
的に是正が困難なものも含まれているから、その違法の程度が軽微とはいえ
ないこと、③本件各契約の締結にあたりXが従属的な立場にあったともいい
難いことなどに照らし、本件各建物の建築（本件本工事）が著しく反社会性
の強い行為であって、これを目的とする本件各契約は、公序良俗に反し、無

143

[9] 建築基準法違反建物を巡る紛争と裁判

効であるとして、その請求を棄却すべきものとした原審の判断を是認しました。

　他方で、本件「追加変更工事」については、既に生じていた違法建築部分を是正する工事も含まれていたことなどから、本件本工事の一環と見ることはできず、その施工合意は原則として公序良俗に反するものではなく代金請求が許されるとして、本件追加変更工事の具体的内容、金額等についてはさらに審理を尽くさせるため、本件を原審に差し戻しております。

⑩ 建築確認の違法について

　どこの国でも、建物の建築行為についてはこれを許可する機関が存在していて、この許可を受けたうえで建築を許しております。しかし、日本では、許可ではなく建築確認の制度を設けています。そして、この確認を受ければ建築できるという制度としています。この確認の制度とは一体どのような制度なのでしょうか。

　また、建築確認をする機関の方でも一定の注意義務を負っているのではないか、瑕疵ある建築物を出現させた点では、建築確認機関にも責任があるのではないかといった議論がみられます。

　さて、建築確認をした機関にも、建築士、施工業者と同等の責任があるのでしょうか。

1．建築確認の制度について

⑴　建築確認の制度は、序論で述べたように、昭和25年制定の建築基準法のなかで初めて規定された制度です。

　これから国土を整備し、建物や住宅をつくっていくうえで、あまりに非常識な質の悪い建物・住宅の出現を防止するため、全国的に最低限の基準を設けて、これだけは最低でも満たすような建築計画が行われることを目指したものといえます。そのために、事前に建築計画を提出させて、建築主事をしてこの建築計画を事前チェックさせようとしたのが、もともとの建築確認の制度趣旨です。

　戦後の時代は、建築する者の建築の自由と権利を最大限に保障せねばならないといった、自由尊重の気運の強かった時代でありました。そこで、建築主事によるチェックは許可ではなく、「確認」にすぎないとして抑制

145

的なものとしたわけです。たとえば、受理したら短期間に速やかな判断を
すること、その判断に対しては簡易な異議申立制を設けることなど、自由
と権利の保障を備えた制度として構築しています。言い換えると、建築主
事のチェックの程度はごく短期間で可能なものを想定し、むしろ建築士が
設計に関与し確認申請を代行することで、その目的は十分に達せられると
考え、とりあえず戦後の建築士の足りない時代を乗り切ることと、啓蒙的
な観点に立って事前チェック制を導入したとの感が強く、建築主事の
チェックは厳しすぎないことが前提とされていたといえましょう。だから
こそ、導入後になって建築士と建築主事という2種類の専門家によるダブ
ルチェックは、不要ではないかといった議論もされたこともありました。

　結局、建物の品質確保は専ら建築士の力量に期待がかけられ、その後の
建設業法の改正に伴い建設業者の力量にも期待をかけることで、いわゆる
建築士や建設業者といった専門家による品質確保というものが企図されて
いたといえます。昭和25年に制定された建築士法で建築士資格を免許制に
して、業務独占を与えるとともに、建築確認申請の作成権限を与えたの
も、これが理由でした。こうすることで、建築士がよりよい建築計画を設
計することを期待し、かつ、建築士による適切な工事監理がされることを
期待したわけです。

　他方で、建築主事による建築確認は覊束行為といわれ、法適合性のみを
形式的に判断するだけであり、法の定めも具体的、客観的なものにして、
主事は裁量権を有することなく短期間に判断できるようにしたのが、当時
の制度であったともいえます。

(2)　ところが、序論で述べた理由から、建築士や建設業者は売ること優先の
「住宅産業界」の手足となってしまい、せっかくの専門的な知識を高品質
の建物をつくるためではなく、経済的にできる限り利益の上がるような建
築物をつくるために使われるようになってしまいました。その結果、建築
基準法で定める建築確認をどうクリアするかだけに向けて、その手練手管
を考えるために専門家が活用される時代となってしまったわけです。

　そこで、やむなく建築士や建設業者の自主性にまかせるのではなく、逆
に法的締めつけを強化することでその目的を達しようとする方向に舵が切
られてしまったわけです。たとえば、建築基準法で定める最低基準を守る
よう建築確認時のチェックを厳格に行わせようと法律改正したり、建築士

や建設業者に対し、建設基準法を遵守する旨の法律改正がされてきたというのは、まさにそれが理由です。その意味では、この法律改正を境に、建築基準法の持つ意味や建築確認の制度趣旨が変わってきたともいえそうです。

　しかし、この変化を押し進めますと、建築基準法の遵守だけが建築完成の目標とされかねず、いわば最低基準の建物を設計、施工するための専門家に堕してしまいかねません。それゆえに、専門家の間でも、これでは一体何のための建築技術の専門家なのか、といった疑問の声が出てくることになったわけです。つまり、昭和25年当時の制度趣旨を考えずに、悪現象だけを追って応急手当をしてみても、本来の制度自体をダメにしかねません。

　このような対応は、法律改正の動きだけではなく、裁判所の判例にも「専門家責任」の強化という形ででてきております。そろそろ全体像を正しく把握して、適切な対処法を見出さねばならない時期にきているように思われます。

(3)　そして、このような最近の動きを反映して、建築基準法で定める建築確認制度のあり方についての裁判所の解釈も変遷を始めております。

　以下で判例の動きを説明してみようと思います。

2．判例の動き

(1)　オーソドックスな判例　⇒一般的な判例の考え方

　建築確認制度の歴史的変遷を眺めてみると、当初、建築主事というのは極端な言い方をすると、街づくりに影響するような集団規定のチェックはするが、単体規定については誤りがあれば念のためにチェックする程度の存在であって、不慣れな建築士のために教育的で後見的な立場でチェックするために存在すると考えられていた、といってもよい存在でした。そして、建築主事がチェックしきれなかった場合でも、これを設計・施工した建築士や建設業者の方にこそ（建築基準法に違反するなどの）いろいろな瑕疵をもたらした責任があると考えられていたといえます。

　そして、重要なことは、もともと建築基準法という法律が、建築主である

10 建築確認の違法について

所有者に対しこれを遵守するよう向けられたものだということです。つまり、建築主こそが専門家である建築士の助けの下で建築基準法を守らねばならないのであって、建築主事はこの後見的な機関に過ぎないと位置付けられていたと考えられます。

　このような考え方に立つ判例を、オーソドックスな判例と位置づけて、以下に紹介してみましょう。

＜判例紹介＞

・前橋地判H21.4.15　判時2040-92

　本件はビジネスホテルの施主と施工会社が、県を相手に国家賠償法に基づき損害賠償を求めた事件です。請求の理由としては、建築主事が建築確認にあたり、構造計算の適正な審査を怠ったがために耐震偽装の建物が築造され、その補強工事等による損害を被ったからであるとの主張でした（大臣認定プログラムを用いたとき、構造計算の計算過程を記載した図書を省略できるとされるが、全頁のヘッダーに大臣認定番号と性能評価番号が出力記入されるはずが、記入がないのだから、適正な審査をしなかったと原告は主張しました）。

　本判決は、そもそも建築基準法は、建築物の建築によって当該建築物の居住等利用者や周辺住民を含む国民一般の生命、健康、財産を保護するための最低の基準を定め、もって公共の安全、平穏を確保し、公共の福祉を実現することを目的とするもので、当該建築物の所有者による建築物にかかる利用価値又は資産価値を内容とする財産上の利益を保護したり、また、当該建築物所有者から建築工事を請負った工事業者の業務上の利益を保護したりするものではないと判示し、よって、原告らとの関係で違法を構成するものではないと述べています。

　仮に国賠法上原告らに保護される利益が認められるとしても、建築主事の建築確認は、申請書に基づきその計画が建築基準法及びその関連法令に適合するか否かを形式的に審査すればたり…形式審査は尽くされているから本件建築確認に違法性は認められないと述べ、請求を棄却しております。

＜コメント＞

　この判決がまさに、従来型の建築確認制度の考え方を示した典型といえる

ものです。

　ほかにも、従来型として以下の判決があります。

> ・東京地判H21. 7.31　判時2065－82
> ・京都地判H21.10.30　判時2080－54

(2)　問題提起

　以上の従来型のオーソドックスな考え方に対して、建築確認のチェックというものに、もっと強い期待感を持った判例が現れました。

　それは建築確認の制度趣旨は従来型とほぼ同様に認識しながらも、もう一歩進めて建築確認時に積極的に調査し指導できた場合があったのではないかとして、その場合には建築確認機関の責任を問うた方が、消費者保護に資するという考え方といえます。

　なかでも、建築士や建設業者などの専門家を信用できない社会状況にあるのだから建築確認制度が最後の砦であるといった考え方に立つ場合や、建築主事の方が専門家としては建築士や建設業者より能力が高いのではないかといった期待感に基づく場合など、さまざまな議論がされています。

　この立場からの判例を紹介しましょう。

＜判例紹介＞

> ・名古屋地判H21. 2.24　判時2042－33

　本件は、いわゆる耐震強度偽装事件といわれるもののひとつで、ビジネスホテルの建築主が構造設計した建築士の偽装により耐震強度不足となり、建て替えざるを得なくなったとして、県に対し、建築確認した建築主事の注意義務違反を理由に、国家賠償請求した事案です。

　本判決では、建築主自身が安全性を欠く建築物を出現させないための第一次的な責任を負うものであるとして、従来型の解釈と同じ前提に立っている旨を判示しました。しかし、だからといって、建築主が建築基準法の保護の対象ではない、とまではいえないと判示した点に特色があります。そのうえで、建築主事に対し、より高い信頼を寄せたとしても不合理ではなく、建築主事も専門家としての一定の注意義務を負うと判示した点が2つ目の特色と

149

いえます。そして、2階から10階までが専ら耐震壁により支えられている鉄筋コンクリート造の建築物の確認にあたり、建築主事は、耐震壁の評価方法および完全ピロティ階を有するピロティ型建築物とされていることについて、設計者に問い合わせて真意（設計意図）を確認するなどの調査をすべき職務上の注意義務があるところ、これがされていないとして、県に損害賠償を認めています。

　要は、建築基準法は誰のための法律かという点と、建築確認制度と建築士制度による二重の専門家のチェック制度をどう位置づけるか、についての見解の違いが、従来型との違いといえましょう。

(3)　この議論の方向性

❶　名古屋高判H22.10.29　判時2102-24

　この判決は、国賠を認めた上記名古屋地裁の判決に対する控訴審判決です。一審とは少し違う立場に立って議論していますので、以下で検討してみましょう。

　建築基準法は第1条の規定をみても建築主の財産権を保護法益から除外してはおらず、かつ、建築基準を満たす建物が建築されることは、周辺住民のみならず建築主にとっても利益であるから、同法は建築主をも保護法益としていると判断しております。この点は一審と同じスタンスです。

　そして、建築士制度は存在するが、当該建築士は建築計画の策定に急なあまり適合性遵守に厳格さを欠く危険があるとして、それゆえにこそ一級建築士より資格要件が厳格な建築主事に、公的立場で審査させていると述べております（ここはおそらく実務家からみると、異論のあるところではないかと思います）。

　そのうえで、法は建築士による計画の策定と建築主事による審査の両者が相まって建築基準に適合させる制度としていると判示し、他方で、建築主事の審査期間が短いことからすると、法は建築主事に網羅的な審査は要求していないと判示しております。

　そして、建築基準関係規定に直接定める項目であれば、建築主事は職務上必要な注意義務をもって審査すべきであるが、直接定めていない事項については原則不要であるとして、耐震壁を1枚と評価するか2枚と評価するかは、審査事項違反となるような重大な影響がもたらされることが明らかな場合ではなかったので、故意又は重過失は認められないとし、また、

ピロティ形式の建築物についても構造上の危険を回避する設計上の留意がされていないかなどを調査すべき義務があったとは認められないと判示して、国賠請求を否定しております。

❷ 静岡地判H24.12.7　判時2173-62

　上記（名古屋高判H22.10.29　判時2102-24）の判例の事案は、施主が自分で所有するために建築した場合でしたが、つぎに、施主が自分で所有し利用する建築主ではなくて、他へ転売する目的の建築主、すなわち売り逃げる建築主（デベロッパー）の場合にはどう判断されるのか、これを議論した判例がありますので、紹介してみます。

　本件は、分譲マンションの耐震強度不足のため取り壊しを余儀なくされ損害を被った建築主（デベロッパー）が、誤った構造計算書等の作成に関与した設計事務所とともに、建築確認をした市に対し国家賠償法による損害賠償を請求した事案です。

イ．保護法益について

　建築基準法というものが、建築基準を定めることで建物利用者等の生命、身体又は財産を危険にさらすことがないよう定めたものであって、「建築主や建築業者の建築物に対する所有権の保護を目的として制定されたものではなく、また、建築確認が建築主に対し当該建築物の安全性を保証するものでない。」として、従来型の判断を示しています。

　そのうえで、「しかし、建築基準法が、脆弱な建築物が建築されて、これが地震に倒壊するなどして、関係者に被害が発生することを防ぐ趣旨で制定され、同法1条で…と規定していて、保護の対象者を限定する趣旨はうかがわれず、さらに…建築主や建築業者の当該建築物に関する財産的利益が保護の対象から全く除外されているものと解することは困難である。」として、建築主であるデベロッパーの利益も建築基準法の保護対象であると判示しました。

ロ．建築主事と建築士について

　他方で、建築確認審査というのは、あてはめの作業で裁量性の乏しいものであり、審査事項も多岐にわたり、審査期間も制約されていることから、建築主事は厳密に逐一審査することまでは求められていないとして、建築確認申請書に添付された図書および建築基準関係規定によって定められた事項のみが対象となり、その要件充足の有無の審査、判断をするもの

⑩　建築確認の違法について

と捉えています。

　そして、重要な点としては「その資料として提出される建築士作成の設計図書等については、建築士の技術的能力、責任感に対する信頼を前提として審査すれば足りる。」と述べている点で、この点では、従来型の考え方を踏まえているようにも思えます。

ハ.　建築主事の注意義務

　しかし、本件にあっては「当初提出された構造計算書には二次設計の結論部分である保有水平耐力が法令の定める基準を満たしているか否かの判定結果（OK又はNGの表示）の記載された最終頁が欠落しているという頻繁にあるとは通常考え難い事態が生じたのであるから、追完された最終頁が既に提出されている構造計算書のそれまでの頁と連続したものであるかという点について単に頁数の連続等を確認するだけではなく、96頁ないし97頁の数値と追完された98頁の判定表の数値とが一致していることを確認することは容易なことであるから、せめてそこまでの確認はすべきである。」として、建築主事が注意義務を尽くしておらず、違法であったと判断し損害賠償を認めています。

　果たして、頁数の連続の確認が建築主事の仕事といえるのか、おそらく異論のあるところでしょう。その意味で、違和感のある判決といえそうです。

ニ.　過失相殺

　もうひとつ注目すべき点は、デベロッパーである原告に、過失相殺３割を認めている点です。

　理由を読むと、「建築確認制度が確認申請をする建築士に対する信頼を前提として成り立っていること」をあげ、建築確認制度の趣旨を従来型で理解していることを理由としています。そして、原告であるデベロッパーは社内に一級建築士を抱えていることや、原告が設計業務を委託した建築士事務所に過失があったことなどを理由としており、デベロッパーという業種の有する社会的責任を、少しは意識した判決なのではないかという気がします。

❸　最判 H25. 3. 26　最高裁判所裁判集民事243−101

　つぎに、下級審ではなく、最高裁の判決が出ていますので、ご紹介します。

152

10 建築確認の違法について

　本件は、京都府内に平成13 〜 14年頃に建設されたビジネスホテル（鉄筋コンクリート造8階建）の耐震不足が問題となったもので、平成17年12月になって建築士によるいわゆる耐震強度偽装事件の報道を契機に、構造計算書の偽装が判明し、建築主が建築主事による建築確認の違法であると主張して、国家賠償請求した事案です。

　なお、この事件の一審判決は「(1)、オーソドックスな判例」の項の「③京都地判H21.10.30　判時2080－54」に掲げられた判例で、この上告審判決といえるものです。以下に最高裁の判決の主要な部分を掲載しておきます。

イ．保護法益について

　「…建築士が設計した計画に基づいて建築される建築物の安全性が第一次的には上記・のような建築士法上の規律に従った建築士の業務の遂行によって確保されるべきものであり、…確認の申請が、自ら委託…をした建築士の設計した建築物の計画…の確認を求めてするものであるとはいえ、個別の国民である建築主が同法1条にいう国民に含まれず、その建築する建物に係る建築主の利益が同法における保護の対象とならないとは解し難い。建築確認制度の目的には、建築基準関係規定に違反する建築物の出現を未然に防止することを通じて得られる個別の国民の利益の保護が含まれており、建築主の利益の保護もこれに含まれているといえるのであって、建築士の設計に係る建築物の計画について確認をする建築主事は、その申請をする建築主との関係でも、違法な建築物の出現を防止すべく一定の職務上の法的義務を負うものと解するのが相当である。…」と判示しています。

　結局、建築主も建築基準法の保護の対象であると判示したわけです。

ロ．建築主事の注意義務

　つぎに、建築確認制度について、「…建築主事による当該計画に係る建築確認は、例えば、当該計画の内容が建築基準関係規定に明示的に定められた要件に適合しないものであるときに、申請書類の記載事項における誤りが明らかで、当該事項の審査を担当する者として他の記載内容や資料と符合するか否かを当然に照合すべきであったにもかかわらずその照合がされなかったなど、建築主事が職務上通常払うべき注意をもって申請書類の記載を確認していればその記載から当該計画の建築基準関係規定への不適合を発見することができたにもかかわらずその注意を怠って漫然とその不

153

適合を看過した結果当該計画につき建築確認を行ったと認められる場合
に、国家賠償法1条1項の適用上違法となるものと解するのが相当である
…。」と判示しています。

ハ．保護法益の例外

　とはいえ、もともとの制度趣旨を越えていることを意識して、以下の判
断を加えている点は重要です。

　「…建築主は自ら委託をした建築士の設計した建築物の計画につき建築
基準関係規定に適合するものとして建築確認を求めて建築主事に対して申
請をするものであることに鑑みると、その不適合に係る建築主の認識の有
無又は帰責性の程度、その不適合によって建築主の受けた損害の性質及び
内容、その不適合に係る建築主事の注意義務違反の程度又は認識の内容そ
の他の諸般の事情に照らして、建築確認の申請者である建築主が自らの申
請に応じて建築主事のした当該計画に係る建築確認の違法を主張すること
が信義則に反するなどと認められることにより、当該建築主が当該建築確
認の違法を理由として国家賠償法1条1項に基づく損害賠償請求をするこ
とができないものとされる場合があることは否定できない。…」

ニ．結論

　そして、「…以上によれば、上記…の各点のみから、本件建築主事が職
務上通常払うべき注意をもって申請書類の記載を確認していればその記載
から本件建築物の計画の建築基準関係規定との不適合を発見することがで
きたにもかかわらずその注意を怠って漫然とその不適合を看過したものと
は認められず、他にそのように認められるべき事情もうかがわれないか
ら、本件建築確認が国家賠償法1条1項の適用上違法となるとはいえな
い。…」と結論づけています。

⑷　＜コメント＞

　最高裁判所の判決が出ましたので、建築確認制度についての判例の考え方
が一応、定まったといえそうです。

　結局、建築基準法というものが、もともと建築主に対して、これを遵守す
るよう向けられた法律であったのが、少し解釈が変更されて、建築にかかわ
る専門家がこれを遵守するよう、専門家に向けられた法律ということになり
ました。したがって、建築主も当然に保護の対象となるという考え方へと変
更されたといえます。しかし、これは立法時、そして、その後の運用時には

想定されていなかった考え方といえます。まさに最近の社会状況を反映して、法律の解釈が変遷したといえそうです。

　また、建築主事が建築確認にあたり審査すべき事項は、極めて形式的で限定的な範囲での審査義務であって、内容に深く踏み入った審査は不要という考え方が定まったといえそうです。

　ただこの最高裁の考え方だと、建築主事など建築確認機関が形式的に審査するだけで終えた方が責任を問われにくくなるのに対し、あえて余計なことまでアドバイスしたり口を差し挟んだりすると、その言動には責任が伴うことになって建築主事の仕事の現場が萎縮してしまうのではないかと心配です。

　むしろ、せっかく、建築主事が建築士のした設計をダブルチェックできる制度となっているのですから、いわばレビュー（ピアチェック）として機能するように、解釈上誘導すべきではなかったか、と少し残念です。この判決では、逆に建築主事をして消極的な対応を誘導しそうな気がします。

(5)　民間確認検査機関について

❶　ここで「民間確認検査機関」というのは、建築基準法のなかで指定確認検査機関と称される機関を指しますので、本書では以下に「民間確認検査機関」と表示するものを同様にご理解ください。

　ところで、この指定確認検査機関というのは平成10年法律100号による建築基準法が大改正されたときに、いわゆる建築確認・審査の民間開放として導入された制度です。すなわち同法の改正で、建築物の計画が建築基準関係規定に適合するものであるとして指定確認検査機関の確認を受け、確認済証の交付を受けたときは、建築主事の確認、そして同確認済証とみなすと定められました（同法6条の2第1項）。つまり、この改正により建築主事だけでなく、この指定確認検査機関による確認事務を認めたわけです。そこで、本書では分かりやすく「民間確認検査機関」と表現いたしました。

　そこで、ここでは民間確認検査機関の責任について判例はどのように解釈しているのか、民間確認検査機関に責任がある場合、国家賠償もあわせて認められるのか、などについて判例をみてみたいと思います。

155

⑩　建築確認の違法について

❷　民間確認検査機関の責任についての判例

＜判例紹介＞

> ・最判H17.6.24　判時1904-69

　指定確認検査機関は、建築確認事務の帰属する独立の行政主体とはいえず、あくまでもこの行政主体性はその建築物について確認をする権限を有する建築主事が置かれた地方公共団体であると判示した判例です。

　この判決が出されたことで、指定確認検査機関が下ろした建築確認について、特定行政庁に責任が及ぶことになるのではないか、そして、逆に民間確認検査機関は直接の責任を負わないのではないか、といった議論が生じました。

> ・東京地判H21.5.27　判時2047-128

　本件は、民間確認検査機関が誤って建築確認を下ろした場合に、誰に責任があるかが問題とされた事例です。とくに、本件は建物の瑕疵といった単体規定違反を問うたのではなく、集団規定違反を問うた事例である点で、いままで議論したものと少し違いますので、ご注意ください。

　事案をみてみます。本件では、特定行政庁の杉並区から当該建築地域が第三種高度斜線制限がある旨の指摘を文書により受けていたにもかかわらず、民間確認検査機関がこれを見落として、漫然と建築確認済証を交付したため、建築主が10階建建物を完成させてしまったところ、杉並区から一部取壊しを求められた（7階建程度）として、建築主が民間確認検査機関に対し、建築確認検査業務委託契約の善管注意義務に違反しているとして損害賠償を求めました。

　被告の民間確認検査機関は上記の平成17年の最高裁決定を根拠にして、杉並区を被告とすべきであり、民間確認検査機関に被告適格はないとか、建築確認は行政処分であって、公法上の義務があるだけで、建築主との間に私法上の建築確認検査業務委託契約は存在しないなど、多数にわたる反論を行っています。

　本判決では、平成17年の最高裁決定は別の場面の問題であって本件とは無関係であり、建築主と民間確認検査機関との間では公法上の関係と併存して、本件建物の建築確認につき、約款で定められた内容の確認検査義務委託

契約が締結されていると判断しました。

　また、建築主の方に過失があるので３分の２を過失相殺すべきであるとの民間確認検査機関の主張に対し、判決は、都市計画図を確認すれば第三種高度斜線制限のあることに気づくはずで、同計画図を建築主の委任した設計者が確認しなかったのは建築主自身の過失とみるべきであるとして、４割の過失相殺を認めています。

＜コメント＞

　　さて、本件では特定行政庁の杉並区が建築基準法９条２項に基づき、本件建物の違反部分の除却を命じる措置命令の通知書を交付したというもので、結果として、７階以上の部分の取壊し（６階の一部を含む）が命じられています。

　　しかし、世の中では少しの違反ぐらいであれば特定行政庁が見逃してしまう例もあるようです。その利益は建築主に帰属してしまうので、勢い、建築主が容積率などをごまかそうとする傾向はあるやに聞いています。やはり、単体規定に違反した場合であれば建築主に利益はありませんが、集団規定の場合はどうでしょうか。

　　そして、建築主側の設計者のミスを確認機関のミスとみるのか、いわゆるダブルチェックの関係性をどう捉えるのか、この点について判決は確認機関の責任を問うとともに建築主側のミスも考慮して過失相殺していますが、どう考えたらよいのでしょうか。課題を提供したといえそうです。

❸　民間確認検査機関の責任とともに国家賠償を問えるかについての判例
＜判例紹介＞

　・福岡地小倉支判Ｈ21.6.23　判時2054‐117

この事件も、建築主が民間確認検査機関の責任を問うた事案です。

　本件は、建築主からビジネスホテルの設計監理を依頼された設計事務所が構造計算書を偽装したのに、民間確認検査機関がこれを見逃して建築確認をした過失があるとして、国賠法１条１項もしくは３条、または、民法715条、709条に基づいて損害賠償を請求したものです。

　本件の注目したい論点は、国賠法の適用についてです。

　すなわち、建築基準法の解釈として、建築確認事務は地方公共団体の自治事務であり、民間確認検査機関による建築確認事務にあっても、帰属主体は

10 建築確認の違法について

地方公共団体と解されていて、民間確認検査機関は独立の帰属主体ではない
のではないか。だとしたら、民間確認検査機関は公務員の立場にあたり、原
則として原告に対し直接の損害賠償責任を負わないのではないかといった点
が争点となりました。

　ところが、本判決はこの点には踏み込まず、形式的論議を行うだけで、結
局、民間確認検査機関が行った建築確認審査には、本件構造計算書の確認を
怠った義務違反はないと判示して請求を棄却しました。

＜判例紹介＞

・東京地判H23. 1.26　判時2122-89

　この事件は、建築主からマンションを購入した者が、民間確認検査機関と
特定行政庁の江東区を相手に、民法709条と国賠法1条1項により損害賠償
を請求した事案です。本件は、いわゆる耐震強度偽装事件として社会問題化
した事件で、民間確認検査機関が構造計算書の偽装を看過したとして民法
709条を、そして、この民間確認検査機関の確認検査員は江東区の公権力の
行使にあたる公務員に該当するとして、その義務違反を理由に国家賠償請求
をしています。

　判決は、確認検査員に過失があったとするためには、構造計算書の偽装を
疑わせる具体的な徴表があったことが必要だが、そのような事実はなかった
とし、また、江東区や確認検査員には、構造計算書にあった数値の食い違い
について、数値の対照を行うべき義務があったとはいえないとして、原告ら
の請求を棄却しています。

　同旨の判決をしたものに、東京地判H23. 3.30　判時2126-73がありま
す。

・横浜地判H24. 1.31　判時2146-91

　この事件も建築主からマンションを購入した者が民間確認検査機関と地方
公共団体の両者に対し、国家賠償法1条に基づき損害賠償を請求した事案で
す。

　そして、本判決の特色は、耐震強度が不足しているマンションについて、
建築確認を行った指定確認検査機関に対する損害賠償請求を認めましたが、

地方公共団体（横浜市）に対する損害賠償請求を認めなかったこと、前者の責任について国賠法１条を適用している点です。

まず最初に、民間確認検査機関の責任については以下のように述べています。

民間確認検査機関の従業員である確認検査員は、本件安全率が一を切っていることを発見し、その改善を設計者に指摘し、同指摘に基づき、設計者は本件手書き修正を行っているが、本件手書き修正が誤りであることは、構造設計の基本ともいうべき事項であって、通常、構造設計者がこのように誤りをすることはあり得ないことからすると、建築確認の審査業務を行う確認検査員は、上記指摘に基づき、設計者が行った本件手書き修正が適正なものであり本件安全率の数値が一以上となっていたかどうかを確認し、耐力壁の種別をＷＡとして計算するのが適切かどうかを確認する義務があったところ、確認検査員は、本件手書き修正の誤りを修正せず、本件安全率の数値が一以上となっているかどうかを確認しないまま建築確認を行ったのであるから、上記義務を怠った過失があると認められるとして、民間確認検査機関の責任を肯定しています。

そして、国賠法１条を適用した点については、以下のように述べています。

「指定確認検査制度は、建築確認等の事務の主体を地方公共団体から民間の指定確認検査機関に移行したものであって、指定確認検査機関は、自ら設定した手数料を収受して、自己の判断で建築確認業務を行っており、その交付した建築確認済証は、建築主事が交付した確認済証とみなされるものである。そうすると、指定確認検査機関は、行政とは独立して、公権力の行使である建築確認業務を行っているのであって、指定確認検査機関の行った建築確認に瑕疵がある場合には、その国賠法上の責任は指定確認検査機関自身が負うものと解するのが相当である。

ただし、特定行政庁においても、一定の監督権限は与えられているから、特定行政庁が同権限の行使を怠った場合には、特定行政庁が属する地方公共団体も、国賠法上の責任を負うものと解される。

そこで、本件において、横浜市長がその監督権限の行使を怠ったかどうかについて検討すると、特定行政庁の監督の権限は、上記(1)ウ認定のようなものにとどまるのであって、証拠（乙四～七）によると、民間確認検査機関が被告横浜市に対して行った本件建築確認に関する報告にも、構造計算書は添

10 建築確認の違法について

付されず、建築計画概要書のみが添付されており、本件マンションの耐震強度が不足していること、本件安全率が一未満であること及び民間確認検査機関の指摘によって構造計算書に手書き修正がなされたことなどをうかがわせる記載はないと認められる。そうすると、被告横浜市において、本件マンションに係る建築計画が建築基準関係規定に適合していないことを認識することができたとは認められず、その旨を民間確認検査機関に通知するなどその監督権限を行使することを怠ったとは認められない。

したがって、被告横浜市が、民間確認検査機関の行った建築確認について、国賠法上の責任を負うとは認められない。」

建築紛争の基礎知識

判例索引（年代順）

【昭和30年】
東京地判 S 30.10.28　下級審判例集6－10－2275　…………………………76

【昭和36年】
東京高判 S 36.12.20　判時295－28　………………………………………59

【昭和39年】
東京地判 S 39.12.17　下民集15－12－2959　……………………………93

【昭和44年】
東京高判 S 44.2.10　判時555－50　………………………………………130

【昭和45年】
最判 S 45.2.12　判時591－61　……………………………………………66

【昭和47年】
東京高判 S 47.7.29　判時668－49　………………………………………59

【昭和48年】
名古屋地判 S 48.10.23　判タ302－179　…………………………………88

【昭和50年】
東京地判 S 50.2.20　判時794－89　………………………………………70
東京地判 S 50.4.24　判時796－63　………………………………………68
横浜地判 S 50.5.23　判タ327－236　……………………………………131

【昭和51年】
最判 S 51.3.4　民集30－2－48　…………………………………………24
大阪高判 S 51.12.14　判タ549－187　……………………………………60

161

建築紛争の基礎知識

【昭和52年】
東京地判Ｓ52.1.28　無体集9巻1号29頁　・・・・・・・・・・・・・・・・・・・・・・・・・・・75

【昭和53年】
東京高判Ｓ53.8.28　判タ372－136　・・・・・・・・・・・・・・・・・・・・・・・・・・・66
東京高判Ｓ53.10.12　判時917－59/高民集31巻3号509頁　・・・・・・・・・・・・・・・140
大阪地判Ｓ53.11.2　判時934－81　・・・・・・・・・・・・・・・・・・・・・・・・・71，72

【昭和54年】
広島地判Ｓ54.3.23　判タ392－163　・・・・・・・・・・・・・・・・・・・・・・・・・・・93
名古屋地判Ｓ54.6.22　判タ397－102　・・・・・・・・・・・・・・・・・・・・・・・・・・・68

【昭和55年】
最1小判Ｓ55.6.26　判タ424－77　・・・・・・・・・・・・・・・・・・・・・・・・・・・26

【昭和56年】
大阪高判Ｓ56.3.30　判タ454－132　・・・・・・・・・・・・・・・・・・・・・・・・・・・66
最判Ｓ56.2.5　判タ438－91　・・・・・・・・・・・・・・・・・・・・・・・・・・・61

【昭和57年】
最判昭57.1.21　民集36－1－71　・・・・・・・・・・・・・・・・・・・・・・・・・・・95

【昭和58年】
大阪高判Ｓ58.10.27　判時1112－67　・・・・・・・・・・・・・・・・・・・・・・・119
東京高判Ｓ58.12.20　判タ523－160　・・・・・・・・・・・・・・・・・・・・・・・・・・・75

【昭和59年】
大阪地判Ｓ59.12.26　判タ548－181　・・・・・・・・・・・・・・・・・・・・・65，120

【昭和60年】
横浜地判Ｓ60.2.27　判タ554－238　・・・・・・・・・・・・・・・・・・・・・・・・・・・93
山形地新庄支判Ｓ60.2.28　判時1169－133　・・・・・・・・・・・・・・・・・・・59
大阪地判Ｓ60.3.1　判時1162－121　・・・・・・・・・・・・・・・・・・・・・・・・・・・66

162

【昭和61年】

福岡地判 S 61.7.16　判タ637－155　……………………………………130

神戸地判 S 61.9.3　判時1238－118　……………………………………98

福岡高判 S 61.10.1　判タ638－183　……………………………………77

大阪高判 S 61.12.9　判タ640－176　……………………………………24

【昭和62年】

大阪地判 S 62.2.18　判時1323－68　……………………………………72

大阪地判 S 62.2.18　判タ646－165、判時1323－68　………………88

東京地判 S 62.5.18　判時1272－107　…………………………………69

【昭和63年】

神戸地判 S 63.5.30　判時1297－109　……………………56，120，129

【平成元年】

大阪高判 H 元.2.17　判時1323－68　……………………………………72

【平成 3 年】

東京地判 H 3.6.14　判時1413－78　………………………56，121，129

大阪地判 H 3.6.28　判時1400－95　……………………………………95

東京高判 H 3.10.21　判時1412－109　…………………………………60

【平成 4 年】

最判 H 4.10.20　民集46－7－1129　……………………………………24

京都地判 H 4.12.4　判タ809－167　……………………………………90

東京地判 H 4.12.21　判タ882－38　……………………………………80

【平成 5 年】

京都地判 H 5.9.27　判タ865－220　……………………………………75

【平成 6 年】

東京高判 H 6.2.24　判タ859－203　……………………………………98

千葉地松戸支判 H 6.8.25　判時1543－149　…………………………95

京都地判 H 6.10.31　判タ879－241　……………………………………75

163

建築紛争の基礎知識

【平成 7 年】

神戸地姫路支判 H7.1.30　判タ883－218 ……………………………………64

【平成 9 年】

最判 H9.2.14　判タ936－196 ………………………………………………134

最判 H9.7.15　判タ952－188 ………………………………………………136

神戸地判 H9.9.9　判時1652－114 ……………………………………………63

福岡高判 H9.11.28　判時1638－95 …………………………………………135

【平成10年】

横浜地裁 H10.2.25　判時1642－117 …………………………………………58

神戸地判 H10.6.11　欠陥住宅判例 I 集318頁 ………………………………62

大阪地判 H10.12.18　欠陥住宅判例 I 集82頁 ………………………………95

【平成11年】

大阪地判 H11.2.8　欠陥住宅2－268 …………………………………………95

福岡地判 H11.10.20　判時1709－77 …………………………………………62

福岡高判 H11.10.28　判タ1079－235 …………………………………………63

【平成12年】

東京高判 H12.3.14　判タ1028－295 …………………………………………135

大阪高判 H12.8.30　判タ1047－221 …………………………………………108

大阪地判 H12.9.27　判タ1053－137 …………………………………………89

【平成13年】

東京地判 H13.1.31　判タ1071－190 …………………………………………75

大阪地判 H13.2.15　欠陥住宅2－16 …………………………………………66

東京高判 H12.3.14　判タ1028－295 …………………………………………135

東京地判 H13.6.27　判タ1095－158 …………………………………………96

大阪高判 H13.11.7　判タ1104－216 ……………………………………89，127

【平成14年】

東京高判 H14.4.24　判時1796－91 …………………………………………61

最判 H14.9.24　判時1801－77 ………………………………………………122

164

建築紛争の基礎知識

【平成15年】

大分地判H15.2.24　民集61−5−1775 ……………………………………110，111

神戸地判H15.2.25　WLJP ………………………………………………………142

最判H15.10.10　判時1840−18 …………………………………………………53

最判H15.11.14　判時1842−38 ………………………………………………105

【平成16年】

東京高判H16.6.3　金融商事判例1195−22 ………………………………………135

福岡高判H16.12.16　判タ1180−209 ……………………………………110，111

【平成17年】

最判H17.6.24　判時1904−69 …………………………………………………156

名古屋地判H17.4.22　判時1921−120 …………………………………………57

名古屋地判H17.9.28　判タ1205−273 …………………………………………27

東京地判H17.12.5　判時1914−107 …………………………………57，93，99，100

東京地判H17.12.19　LLI/DB判例秘書登載 …………………………………………69

【平成19年】

最判H19.7.6　判時2129−36 ……………………………………………………112

最判H19.7.6　判時1984−34 ……………………………………………………110

東京地判H19.12.26　WLJP ………………………………………………………69

【平成20年】

東京地判H20.4.18　LLI/DB判例秘書登載 …………………………………………61

東京地判H20.6.27　WLJP ………………………………………………………70

【平成21年】

福岡高判H21.2.6　判時2158−62 ………………………………………………114

福岡高判H21.2.6　判時2051−74 ………………………………………………110

名古屋地判H21.2.24　判時2042−33 ……………………………………………149

前橋地判H21.4.15　判時2040−92 ……………………………………………148

長野地諏訪支判H21.5.13　判時2052−79 ……………………………………116

東京地判H21.5.27　判時2047−128 ……………………………………………156

福岡地小倉支判H21.6.23　判時2054−117 ……………………………………157

165

建築紛争の基礎知識

東京地判H21.7.31　判時2065 − 82 ……………………………………149

福岡地決H21.9.7 …………………………………………………………41

札幌地判H21.10.29　判タ2064 − 83 ………………………………………85

京都地判H21.10.30　判時2080 − 54 …………………………………149，153

【平成22年】

最判H22.6.17　判時2082 − 55 ……………………………………………125

東京高判H22.8.30　判時2093 − 82 ………………………………………143

佐賀地判H22.9.24　判時2118 − 81 ………………………………………109

名古屋高判H22.10.29　判時2102 − 24 …………………………………150

【平成23年】

神戸地判H23.1.18　判時2146 − 106、判タ1367 − 152 ………………124

東京地判H23.1.26　判時2122 − 89 ………………………………………158

東京地判H23.3.30　判時2126 − 73 …………………………………86，158

最判H23.6.7　判時2121 − 38 …………………………………………41

最判H23.7.21　判時2129 − 36 ……………………………………110，115

最判H23.12.16　判時2139 − 3 …………………………………………143

【平成24年】

福岡高判H24.1.10　判時2158 − 62 ……………………………110，116

横浜地判H24.1.31　判時2146 − 91 ………………………………………158

東京高判H24.2.28　判時2167 − 36 …………………………………………86

静岡地判H24.5.24　判時2157 − 110 ………………………………………66

東京地判H24.6.8　判時2169 − 26 …………………………58，94，96

静岡地判H24.12.7　判時2173 − 62 ………………………………………151

【平成25年】

最判H25.3.26　最高裁判所裁判集民事243 − 101 ……………………152

■著者略歴

竹川　忠芳（たけかわ　ただよし）

竹川忠芳法律事務所代表（弁護士）
中央大学法学部法律学科卒業

平成 8 年 4 月　第一東京弁護士会監事
平成15年 4 月　関東弁護士連合会監事
平成20年 4 月　日弁連住宅紛争処理機関検討委員会委員長
平成26年 4 月　東京家事調停協会会長
平成26年 6 月　公益財団法人日本調停協会連合会副理事長

（主な著作物等）
・時の法令（平成18年 2 月28日号）
　「弁護士始末記—欠陥住宅訴訟」
・建築雑誌（2009年11月号、建築学会機関誌）
　「市民の視点で考える建築裁判」
・自由と正義（2012年12月号、日本弁護士連合会機関誌）
　「住宅品確法と評価住宅について」

建築紛争の基礎知識

2016年4月28日　第1版第1刷発行

編　著	竹　川　忠　芳	
発行者	松　林　久　行	
発行所	株式会社大成出版社	

東京都世田谷区羽根木 1 - 7 - 11
〒156-0042　電話03（3321）4131（代）
http://www.taisei-shuppan.co.jp/

©2016　竹川忠芳　　　　　　　　　印刷　信教印刷
落丁・乱丁はおとりかえいたします。

ISBN978-4-8028-3251-9